LIEBE LINDA

W0195390

Linda Tellington-Jones

LIEBE LINDA

Pferdefreunde fragen
Linda Tellington-Jones

Kosmos

Mit 17 Farbfotos von Sarah Fisher, Bath/Großbritannien (S. 54), Lothar Lenz, Cochem (S. 53, S. 72), Edgar Schöpal, Düsseldorf (S. 17, S. 18, S. 35, S. 36) und Ellen van Leeuwen, Klundert/Niederlande (S. 71) sowie 57 s/w-Illustrationen von Jeanne Kloepfer, Heidelberg.

Umschlaggestaltung von Atelier Reichert, Stuttgart, unter Verwendung von Fotos von Gabrielle Boiselle, Speyer (U1, links), Lothar Lenz, Cochem (U1, re. o.), Hilmar Pabel, Rimsting (U1, li. u.) und Ellen van Leeuwen, Klundert/Niederlande (U4)

Aus dem Amerikanischen übersetzt von Petra Wägenbaur, Tübingen.

Die Deutsche Bibliothek – CIP-Einheitsaufnahme

Liebe Linda : Pferdefreunde fragen Linda Tellington-Jones / Linda Tellington-Jones. [Aus dem Amerikan. übers. von Petra Wägenbaur]. – Stuttgart : Kosmos, 1997
  ISBN 3-440-07325-4
NE: Tellington-Jones, Linda

© 1997, Franckh-Kosmos Verlags-GmbH & Co., Stuttgart
Alle Rechte vorbehalten
ISBN 3-440-07325-4
Lektorat: Gudrun Braun
Printed in Germany/Imprimé en Allemagne
Satz: Utesch Satztechnik GmbH, Hamburg
Druck und Binden: Huber KG, Dießen

Danksagung

Mein herzlicher Dank gilt dem Kosmos-Verlag, der das Konzept dieses Frage- und Antwort-Buches entwickelt hat.

Ich bin sehr dankbar für die Hingabe und die vielen Stunden, die meine Lektorin Gudrun Braun in dieses Projekt investiert hat. Ohne sie wäre dieses Buch nicht entstanden. Ebenso danke ich Petra Wägenbaur, die meine gesprochenen Antworten übersetzt hat.

Vielen, vielen Dank auch an meine lieben Freunde Gabrielle Boiselle, Ellen van Leeuwen, Sarah Fisher und Hilmar Pabel für ihre Fotos und an die Fotografen Lothar Lenz und Edgar Schöpal.

Die wunderschönen Illustrationen von Jeanne Kloepfer machen dieses Buch sehr liebenswert.

Ein großer Dank geht auch an meine Assistentin Kirsten Henry, die durch ihre Ausdauer beim Korrekturlesen und ihr exzellentes Wissen über die TTeam-Methode einen großen Beitrag dazu geleistet hat, daß das Buch pünktlich erscheinen konnte.

Und ich danke allen Pferdefreunden weltweit, die über viele, viele Jahre hinweg Fragen an mich gestellt haben, und den Pferden, die der Grund für diese Fragen sind.

Liebe Linda

Liebe Leserin, lieber Leser,

während meiner Seminare, Kurse, Vorträge und auf Pferde-Messen in aller Welt kommen stets Pferdefreunde und Reiter mit ihren persönlichen Fragen und Problemen zu mir. Oft ist der Andrang so groß, daß ich Mühe habe, auf jeden einzelnen, auf jede Frage einzugehen. Dieser enge Kontakt mit den Menschen spornt mich aber auch immer wieder an, so viel wie möglich von meinen Erfahrungen und von meinem Wissen weiterzugeben. So entstand die Idee zu diesem Buch. Wir setzten uns zusammen, sammelten die Fragen, die mir mündlich und in Leserbriefen immer wieder gestellt werden, und ich begann, meine Antworten auf ein Tonband zu sprechen. Zu fast jeder Frage hätte ich noch viel mehr Einzelheiten über die einzelnen TTouches oder die TTeam-Methode erzählen können. Das würde aber den Rahmen dieses Buches weitaus sprengen. Es gibt ein ausführliches Register, in dem die Stichworte alphabetisch geordnet sind. So kann man die entsprechenden Stellen und Verweise leicht finden.

Ich habe übrigens festgestellt, daß Reiter verschiedener Pferderassen und aus unterschiedlichen Ländern, aus den verschiedenen Disziplinen und Methoden unterschiedliche Fragen stellen.

Viele Leute verbinden mit dem Namen Linda Tellington-Jones alleine den TTouch und die TTeam-Arbeit und vergessen, daß ich ein Leben lang mit Pferden gearbeitet habe. Ich wuchs auf einer Farm in Kanada auf. Pferde waren ein selbstverständlicher Teil unseres Lebens. Ich bin die ersten fünf Schuljahre täglich sieben Kilometer zur Schule geritten, wodurch ich eine tiefe Verbindung zu Pferden bekam. Ich kann mich erinnern, daß ich schon als sechs- oder siebenjähriges Kind Kaltblut-Gespanne zu meinem Vater aufs Feld gebracht habe. Wie viele Menschen gibt es wohl, die diese Erfahrung in ihrer Kindheit gemacht haben?

Mit elf Jahren begann ich, Pferde in Spring-, Western- und Pleasure-Prüfungen zu reiten.

Von 1960 bis 1970 führten mein Mann und ich das »Pazific Coast Equestrian Research Center and School of Horsemanship«, ein Forschungs- und Ausbildungszentrum für Reitlehrer und Trainer in Kalifornien. Die Ausbildung dauerte neun Monate, es wurde zweimal am Tag geritten, und selbstverständlich gehörte das Studium über die Ausbildung, Gesundheit, Zucht, Haltung und Fütterung des Pferdes dazu. Sehr erfahrene Ausbilder besuchten unser Forschungszentrum, zum Beispiel Ed Connelly, der eines der ersten Ausbildungsbücher für Westernpferde schrieb. Aus dem fachlichen Austausch mit ihnen entstanden zahlreiche

Artikel in Pferdezeitschriften und unser Newsletter.

Ernie Sanchez, Navajo-Indianer und Trainer, verbrachte ein Jahr in unserem Center. Eine von vielen wertvollen Lektionen, die er mich lehrte, war, wie man schwierige Pferde in der Dunkelheit der Nacht trainiert.

In meiner Zeit als Distanzreiterin war dies eine große Hilfe für mich, da wir viele Stunden in der Nacht geritten sind.

Inspiriert durch meinen Großvater Will Craywood schrieben mein Mann und ich 1965 das Buch »Massage and Physical Therapy for the Athletic Horse«. Mein Großvater war der führende Trainer der Rennpferde im Stall des letzten russischen Zaren Nikolaus II. Er führte seinen Erfolg, 87 Siegerpferde im Stall zu haben, auf seine Methode zurück, die Pferde jeden Tag zu massieren.

1975 begann ich die vierjährige Ausbildung bei Dr. Moshe Feldenkrais. Diese brachte mir den Impuls, die von ihm gelehrte Körperarbeit, die sich nur auf Menschen bezog, auch bei Tieren anzuwenden. So entwickelten sich die TTeam-Arbeit und der TTouch, die inzwischen weltweit erfolgreich von vielen Menschen praktiziert werden.

Einer der vielen Vorteile des TTouch und der TTeam-Arbeit ist, daß die Beziehung zwischen Reiter und Pferd vertieft wird. Viele sagen, daß man den Pferden schon beim ersten Mal anmerke, wie positiv sie reagieren, wenn ich mit ihnen arbeite. Sie sehen mich anders an, und sie schauen mir zu, auch wenn sie mich gar nicht kennen. Ich denke, der Schlüssel zum Geheimnis liegt darin, daß ich Pferde wirklich mag. Ich habe eine tiefe Achtung für jedes Pferd, ganz unabhängig von seinem Aussehen und seiner Persönlichkeit. Pferde bereichern mein Leben, und ich bin sicher, daß sie meine Dankbarkeit spüren.

So hoffe ich, daß meine Antworten, die ich für dieses Buch zusammengetragen haben, sehr vielen Reitern und Pferdefreunden neue Wege im Umgang mit Pferden und auch anderen Tieren öffnen.

Ich freue mich über jeden Eurer Erfahrungsberichte, die mir zugeschickt werden*. Vielleicht entsteht daraus eines Tages ein neues Buch.

Linda Tellington-Jones

* Linda Tellington-Jones,
  c/o Kosmos Verlag,
  Lektorat Pferde,
  Postfach 10 60 11, 70 049 Stuttgart.

TTouch und TTeam-Arbeit

Wie unterschiedlich ist die Wirkung, wenn ich den TTouch im Uhrzeigersinn oder gegen den Uhrzeigersinn anwende?

In den meisten Fällen, zu fast 90 %, bewegen wir die Haut im Uhrzeigersinn, weil dadurch der ganze Körper des Pferdes gekräftigt wird. Nach unserer Erfahrung und der vieler Menschen in aller Welt, die TTouches praktizieren, ist den meisten Pferden diese Richtung sehr angenehm. Wenn jedoch ein Pferd die Berührung nicht mag, nicht still steht oder die TTouches dauerhaft nicht akzeptiert, dann versuchen wir es gegen den Uhrzeigersinn. Man hat in der Akupunktur festgestellt, daß durch das Drehen der Nadeln im Uhrzeigersinn der Körper gestärkt wird. Dreht man dagegen die Nadeln entgegen dem Uhrzeigersinn, kann die Spannung im Körper heruntergesetzt werden. Welche Richtung für das Pferd oder den Menschen angenehmer ist, mußt Du ausprobieren.

Du solltest die Richtung allerdings bei jeder Behandlung wieder überprüfen, da sich diese ändern kann. Besonders Pferde, die anfangs nur TTouches gegen den Uhrzeigersinn mögen, bevorzugen oft nach wenigen Behandlungen TTouches im Uhrzeigersinn.

Ich merke, daß ich die TTouches immer im Uhrzeigersinn mache. Kennst Du Pferde, die die andere Richtung bevorzugen?

Ein wirklich gutes Beispiel dafür ist ein 8-jähriger Vollblutwallach, mit dem ich bei einer Vorführung im Britischen Olympiazentrum Stoneleigh gearbeitet habe. Der Besitzer erzählte mir, das Pferd hasse es, geputzt zu werden. Er lege die Ohren an und schlage mit dem Schweif, wenn man ihn mit der Bürste berühre. Er mochte es überhaupt nicht, als ich mit den TTouches im Uhrzeigersinn begann. Nach ungefähr fünf Minuten schlug meine Helferin vor, ich sollte es doch einmal gegen den Uhrzeigersinn versuchen. Innerhalb von weniger als drei Minuten akzeptierte der Wallach diese Kreise, entspannte sich und hörte auf, mit den Zähnen zu knirschen, wie er es normalerweise ständig tat, wenn er berührt oder gebürstet wurde. Ich arbeitete anfangs auf seinem Rücken und am Bauch, und insgesamt dauerte die Behandlung seines ganzen Körpers etwa 15 Minuten. Als ich ihn dann ritt, knirschte er zum ersten Mal nicht mehr mit den Zähnen oder legte die Ohren an. Es war sehr interessant, den Unterschied zu beobachten.

Was mache ich, wenn mein Pferd auf die TTouches gar nicht reagiert? Welche TTouches eignen sich dann am besten, um seine Aufmerksamkeit zu gewinnen?

Es geht zuerst einmal immer darum, daß Du alles tust, damit Dein Pferd sich wohl fühlt. Du solltest zunächst probieren, was ihm gefällt, damit Du sein Vertrauen gewinnen kannst.

Wenn Du zum ersten Mal an einem Pferd arbeitest, kann es leicht passieren, daß Du gar keine Reaktion feststellst. Zum Beispiel, wenn mit einem Pferd außer Bürsten, Waschen oder Satteln noch nie etwas anderes gemacht wurde, damit es sich wohl fühlt. Es wird auch gar nicht erwarten, daß man ihm etwas Gutes tun könnte. Daher denke ich, daß man damit rechnen muß, daß es in diesen Fällen einige Male dauert, bis eine Veränderung eintritt. Manche Pferde mögen es die ersten zwei, drei Male gar nicht, wenn ich den TTouch mache. Erst danach fassen sie, vielleicht zum ersten Mal, Vertrauen und ändern ihr Verhalten.

Manchmal arbeite ich auch mit Pferden, bei denen ich anfangs das Gefühl habe, sie haben überhaupt nichts davon. Nach einer Weile verändern sie sich, d. h., sie entspannen sich oder werden aufmerksamer. Du mußt auf die kleinen Anzeichen achten, an denen Veränderungen erkennbar werden. Die sieht man nicht immer gleich von Anfang an. Oft erkennt man eine Reaktion auch erst am nächsten oder übernächsten Tag.

Wenn ein Pferd nicht besonders aufmerksam ist, hilft es manchmal, im Gesicht mit dem »Liegenden Leopard TTouch« oder dem »Wolken Leopard TTouch« zu beginnen und diese in ganz langsamen Kreisen um die Augen, auf der Stirn, im ganzen Gesicht zu machen. Dein Pferd bekommt so Vertrauen zu Dir.

Wenn ein Pferd gar nicht reagiert, kann es auch sein, daß Deine Kreise nicht rund oder nicht eindrücklich genug sind. Manchmal, wenn jemand sagt, sein Pferd reagiere nicht, liegt es vielleicht daran, daß er sein Pferd eher kitzelt, die Finger steif hält oder über das Fell rutscht, anstatt die Haut in einem Kreis zu bewegen. Er muß eventuell stärkeren Druck ausüben, um die Aufmerksamkeit des Pferdes auf sich zu lenken.

Wichtig ist auch, auf den eigenen Atem zu achten, denn wenn Du den Atem anhältst und Dich nur auf die Kreise konzentrierst, wird das Pferd häufig nicht reagieren. Man braucht also ein bißchen Erfahrung.

Eine gute Möglichkeit ist es, die verschiedenen Arten und Ausführungen der Kreise an einem Freund auszuprobieren. So bekommt man eine Rückmeldung, wie sie sich für den anderen anfühlen.

Wie lerne ich die kreisenden TTouches?

Ich gebe ein paar wichtige Hinweise für die Grundformen der kreisenden TTouches wie den »Liegenden Leopard TTouch«, den »Wolken Leopard TTouch« oder den »Bär TTouch«, mit denen man anfangen sollte. Sie unterscheiden sich darin, wie die Finger gehalten werden und inwieweit die Handfläche auf der Haut aufliegt.

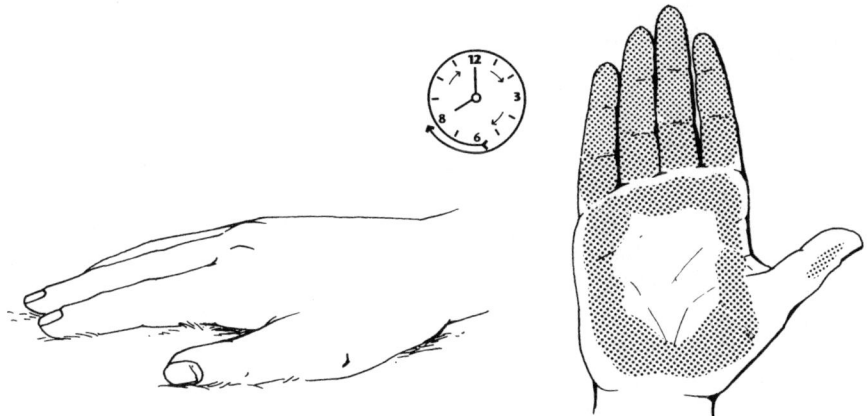

Oben: Der »Liegende Leopard« TTouch wirkt durch die Wärme Deiner Hände lindernd und beruhigend. Für diesen TTouch legst Du die ganze Hand auf den Körper und bewegst die Finger in einem Eineinviertelkreis.

Unten: Der »Wolken Leopard« ist eine etwas tiefergehende Variante des »Liegenden Leopard«. Die Finger sind dabei stärker gewinkelt. Dieser TTouch gibt Deinem Pferd ein besseres Gefühl für seinen Körper.

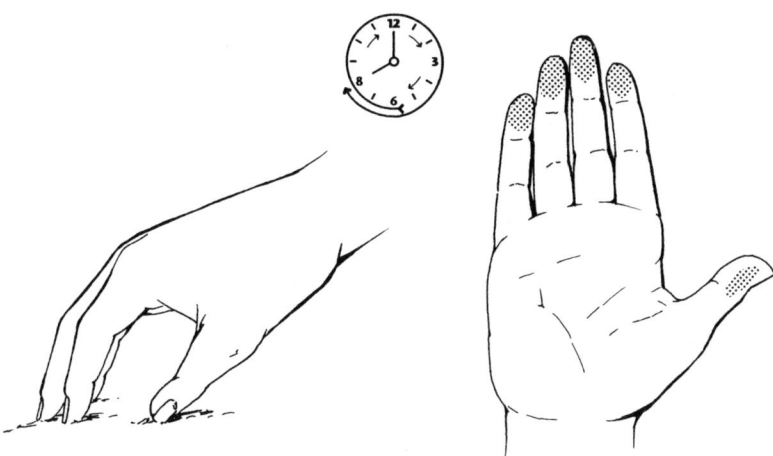

Um zu lernen, wie man die TTouches richtig macht, ist es am besten, man probiert es an sich selbst aus oder besser noch an einem Freund.

Spreize den Daumen etwas von den Fingern ab und krümme ihn so, daß er in Richtung zu den Fingern zeigt.

Wenn Du den »Liegenden Leopard TTouch« ausführst, sollte die Handfläche leicht gekrümmt auf dem Pferdekörper anliegen, so daß sich alle Fingergelenke leicht bewegen lassen und locker sind. Der Daumen bleibt als Verbindung auf dem Fell liegen. Der Mittelfinger führt, die anderen Finger folgen ihm. Schiebe das Fell in einem langsamen Eineinviertelkreis, wobei Du immer unten, also in Richtung Boden, beginnst.

Du kannst Dir dazu ein Zifferblatt vorstellen. Du beginnst unten bei sechs Uhr, drehst einmal herum und weiter bis etwa neun Uhr.

Mach zwischendurch, bevor Du den nächsten Kreis anfängst, eine kleine Pause.

Wenn Du den »Wolken Leopard TTouch« machst, achte darauf, daß alle Gelenke der Finger etwas stärker als beim »Liegenden Leopard TTouch« gekrümmt und nicht durchgedrückt sind. Dein Handgelenk sollte möglichst gerade sein. Wenn Du die Finger steif hältst, überforderst Du auf Dauer Deine Hände, verkrampfst und hältst den Atem an.

Viele glauben, mit den Kreisbewegungen müsse man über das Fell reiben. Versuch das an Dir oder an einem Freund, Du wirst sehen, daß dies keine besondere Wirkung auf den Körper hat. Beim TTouch dagegen werden neue Nervenbahnen und alle Gehirnwellen aktiviert.

Im Laufe der Jahre haben wir herausgefunden, daß die Kreise dann am wirksamsten sind, wenn man einen Eineinviertelkreis macht, ihn beendet, durchatmet und dann auf dem Fell zum nächsten Kreis gleitet, so daß die Kreise untereinander verbunden sind und in parallelen Linien am Körper entlanglaufen.

Achte auf Deine Atmung. Wenn wir uns auf etwas Neues konzentrieren, halten wir meist die Luft an. Achte darauf, einzuatmen, wenn Du mit dem Kreis beginnst, und auszuatmen, wenn Du ihn beendest. Du solltest dabei in einer normalen Geschwindigkeit atmen, nicht zu schnell oder zu langsam.

Wenn Du an Deinem Pferd arbeitest, ist es auch wichtig, darauf zu achten, daß Du bequem stehst. Die Füße sollten parallel und etwa schulterbreit auseinander stehen. Drücke Deine Knie nicht durch, denn wenn nur ein Gelenk in Deinem Körper blockiert ist, verspannt sich der Rest Deines Körpers.

Probiere verschiedene Druckstärken, die Deinem Pferd angenehm sind. Achte darauf, wie Dein Pferd reagiert. Du lernst dabei, daß Du an verschiedenen Stellen des Pferdekörpers den Druck der Kreisbewegungen variieren solltest.

Mein Pferd läuft weg, wenn ich es touchen will. Ich arbeite aber ganz alleine mit ihm und habe keinen Helfer. Darf ich es anbinden?

So oft erzählen mir Leute, ihr Pferd laufe weg, dabei muß man das Pferd natürlich festhalten, zum Beispiel, wenn es lieber fressen möchte. Man kann es ganz normal mit einem Führstrick anbinden, oder wenn sich ein Pferd nicht gerne anfassen

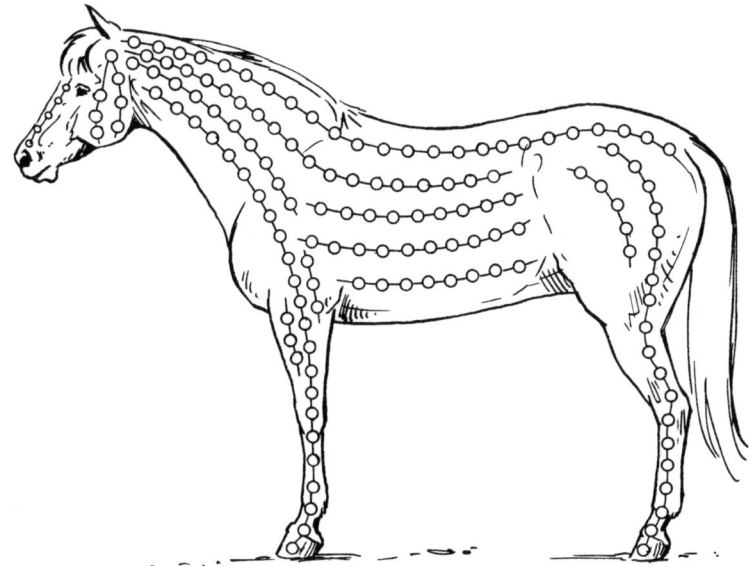

Die TTouches sollten in etwa solchen Linien am Körper entlang verlaufen. Mache einen Kreis und gleite von da aus mit einem klaren Druck in einer Linie über das Fell zum nächsten Kreis.

oder anbinden läßt, mit der Methode »Den Tiger zähmen«, die ich gleich erkläre. Manchmal ist es sinnvoll, Pferde in der Box zu behandeln, auch wenn gesagt wird, es sei ihr »Haus« und man solle sie dort nicht stören. Aber Tatsache ist: Du tust ihnen dort etwas Gutes, und es ist ein ruhiger und eingegrenzter Bereich, den das Pferd gewohnt ist. Man kann sie aber auch in die Stallgasse stellen oder auf den Waschplatz. Probiere aus, wo Ihr Euch am wohlsten fühlt.

Man sollte Pferde aber nicht beidseitig anbinden, denn dann können sie sich nicht nach Dir umsehen und den Kopf nicht genügend senken.

Wenn Du ein Pferd hast, das sich nicht gerne anfassen läßt und jede Berührung zu vermeiden versucht, ausweicht oder nicht ruhig steht, dann wende die Methode »Den Tiger zähmen« an.

Verschnalle die Führkette (der Kettenteil ca. 78 cm und das Nylonband ca. 2 m lang) am Halfter. In diesem Fall wird sie über der Nase verschnallt, d.h., man zieht den Haken von außen durch den linken seitlichen Halfterring, kreuzt die Kette einmal über den Nasenriemen, führt dann den Haken von innen durch den rechten seitlichen Halfterring und befestigt ihn oben am oberen Ring, so daß der Hakenverschluß nach außen zeigt.

Dann brauchst Du ein etwa fünf Meter langes Seil, z.B. aus dem Segelbedarf, verknotest es mit einem Sicherheitskno-

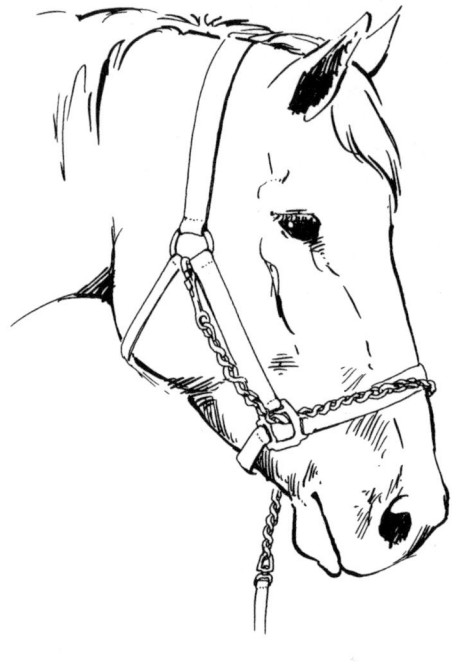

Das Verschnallen der Führkette über der Nase eignet sich für Übungen, bei denen Dein Pferd auf Deine Signale wie Stoppen oder Wenden achten muß, oder für Pferde, die schwer zu kontrollieren sind.

ten am seitlichen Halfterring und ziehst es durch einen Anbindering in der Wand oder um eine Stange herum. Dann ziehst Du das Seil durch den unteren Halfterring, den man normalerweise für den Strick benutzt, und behältst das Ende des Strickes in der Hand.

Das Ende der Führkette nimmst Du nun gemeinsam mit dem Seil in eine Hand. Die andere Hand ist frei für die TTouches.

Du kannst auf diese Weise das Pferd gut kontrollieren, es kann aber auch den Kopf wenden, um zu beobachten, was Du tust.

Achte auch darauf, daß hinter und seitlich neben dem Pferd eine Wand oder ein Zaun ist, so daß es nicht zurück- oder zur Seite treten kann. Halte das Pferd in dieser Weise fest, bis es die Berührungen akzeptiert und gelernt hat, ruhig zu stehen.

Wenn das Pferd die Behandlung am Anfang nicht mag, fang mit dem »Liegenden Leopard TTouch« an, den Du abschließend mit einem »Python Lift« kombinierst. Das heißt, Du machst einen Eineinviertelkreis und führst das Fell danach senkrecht auf die Höhe von zwölf Uhr. Dabei atmest Du ein. Wenn Du oben angekommen bist, führst Du das Fell senkrecht wieder nach unten zurück.

Manchmal mußt Du an einem Pferd bis zu drei mal 15 bis 30 Minuten arbeiten, während Du es mit »Den Tiger zähmen« festhältst, bis es sich entspannt und es genießt. Sei also nicht enttäuscht, wenn Dein Pferd bei den ersten paar Malen die TTouches nicht angenehm findet. Denk daran, wenn das Pferd es nicht mag oder weglaufen will, probiere verschiedene TTouches, verschiedene Richtungen und unterschiedliche Druckstärken. Teste die ganze Skala an TTouches und versuche herauszufinden, welche es mag.

Wie sehr Pferde sanfte TTouches am Kopf genießen, zeigt dieses Bild. Day Dream, ein junges Pferd von Nicole Uphoff-Becker, steht ruhig und vertrauensvoll bei Linda Tellington-Jones.

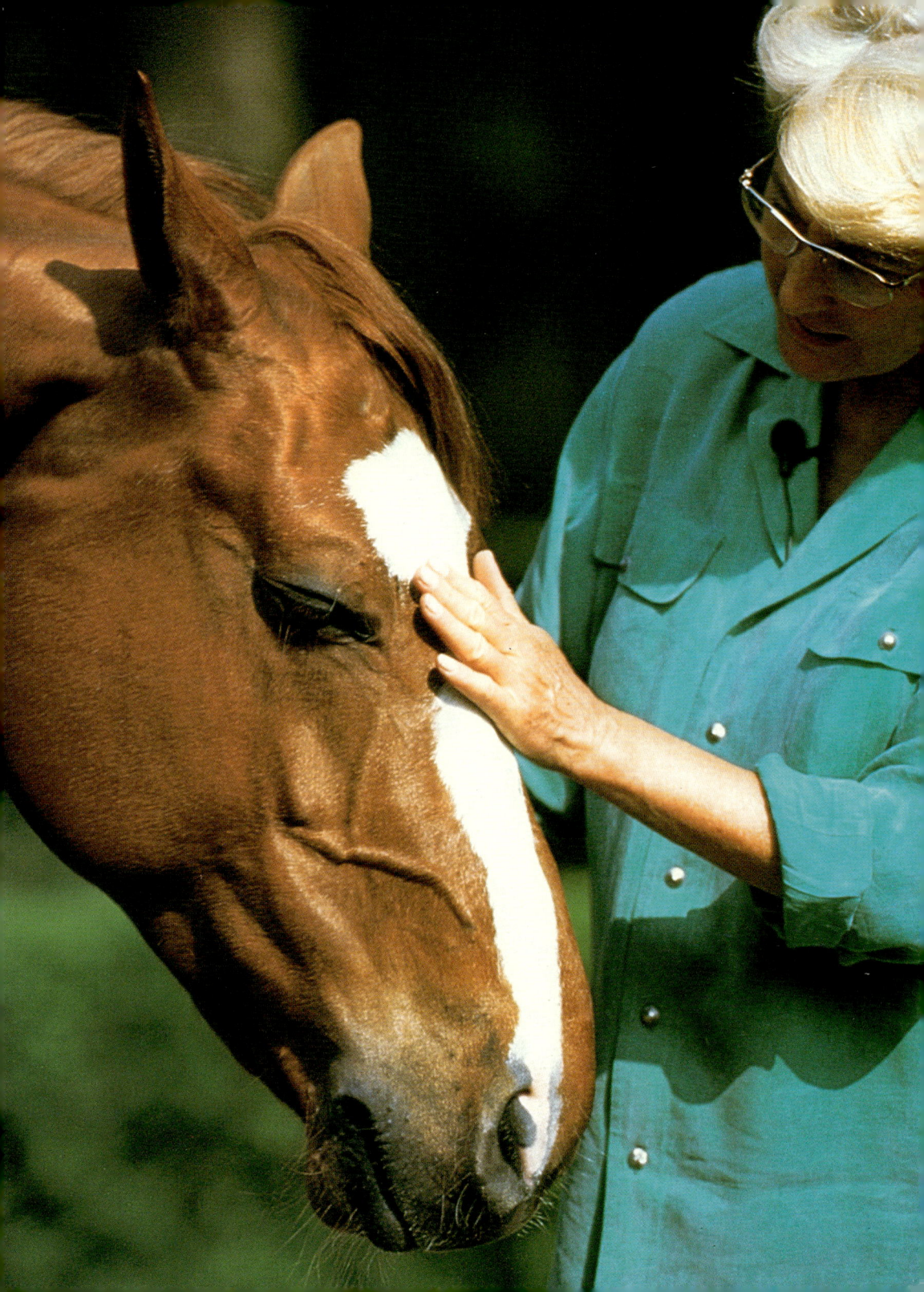

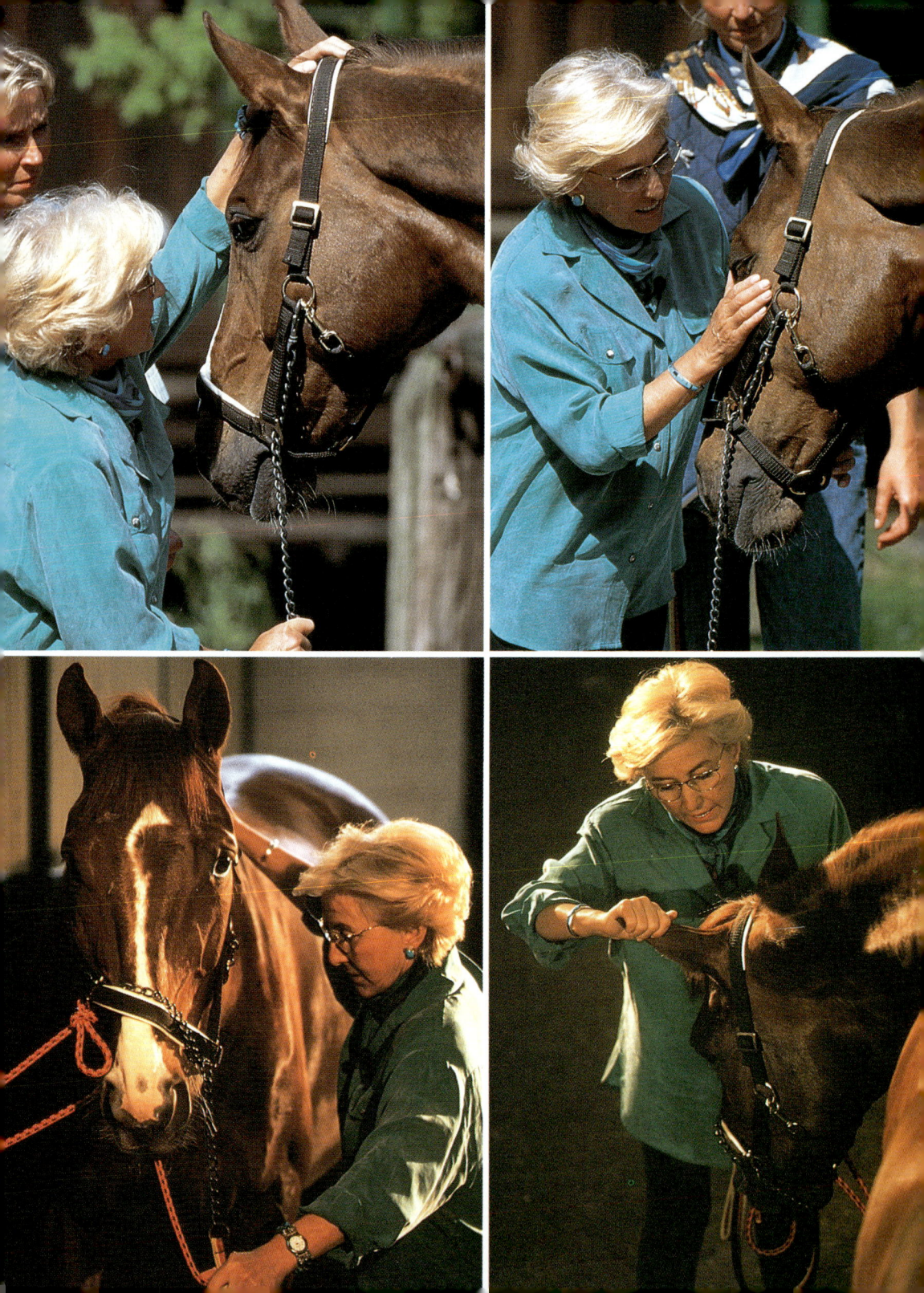

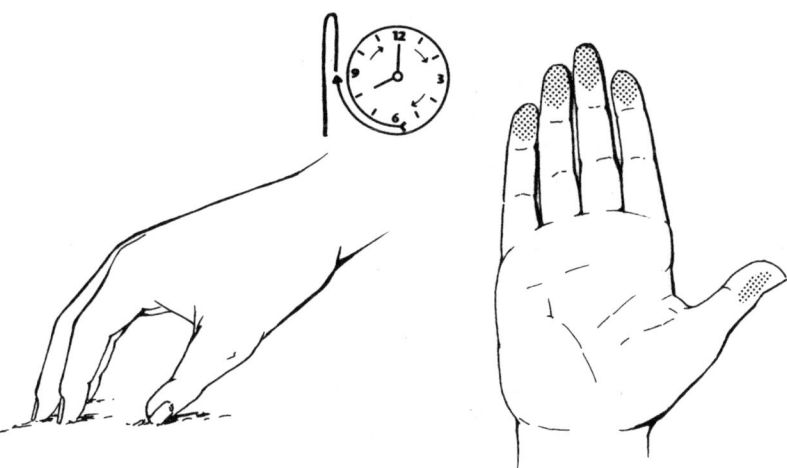

Oben: Die Uhr verdeutlicht eine Kombination aus »Wolken Leopard« und »Python Lift«: Du führst Deine Hand wie beim »Wolken Leopard« in einem Eineinviertelkreis herum, schiebst dann die Haut senkrecht nach oben und langsam wieder nach unten. Ich benutze diesen TTouch sehr häufig. Er fördert das Körperbewußtsein und beseitigt Verspannungen.

Seite 18:
Oben links: Ein guter Weg, um den Pferdekopf zu senken: Die Führkette wird seitlich am Halfter verschnallt. Die linke Hand übt sanften Druck zwischen den Ohren aus, und die rechte Hand gibt paradeähnliche Signale an der Kette.
Oben rechts: Wenn das Pferd den Kopf gesenkt und Vertrauen gewonnen hat, ist es für das Tier besonders angenehm, rund um die Augen berührt zu werden.
Unten links: Wenn ein Pferd nicht ruhig steht, kann man das »Kopfsenken« aus der Position »Den Tiger zähmen« probieren. An Führkette und Seil wird leichter Zug ausgeübt. Die Hand am Mähnenkamm veranlaßt das Pferd zusätzlich dazu, den Kopf zu senken.
Unten rechts: Die »Ohrenarbeit«: Das Pferd hat den Kopf gesenkt, und so ist es leicht, die Ohren waagerecht auszustreichen.

Wie bekomme ich mein Pferd dazu, den Kopf zu senken? Diese Übung soll ja sehr wichtig für Deine Arbeit sein, wieso eigentlich?

Ich will erst erklären, warum es so wichtig ist, daß das Pferd den Kopf senkt, und warum wir soviel darüber reden. Zunächst einmal ist dies für all die Pferde wichtig, die dazu neigen, sich aufzuregen. Hohe Kopfhaltung heißt soviel wie leicht erregbar. Einem aufgeregten Pferd mit hocherhobenem Kopf beizubringen, den Kopf zu senken, bedeutet automatisch, den Fluchtreflex auszuschalten. Es gibt auch praktische Gründe für diese Übung. Das Verabreichen von Wurmkuren, das Zähneraspeln oder wenn der Tierarzt z. B. eine Nasenschlundsonde legen muß – alles das läßt sich leichter durchführen, wenn das Pferd bereits gelernt hat, auf Kommando den Kopf zu senken.

Es gibt aber auch Pferde, die den Kopf

zu tief halten. Das sind oft die, die zu langsam gehen, stolpern oder auf der Vorhand gehen. Wenn der Kopf zu tief kommt, schalten die Pferde in gewisser Weise ab und denken nicht mehr. Dann können sie sich natürlich erschrecken, wenn sie von etwas überrascht werden. Diese Pferde sollten den Kopf höher halten, und Du solltest sie dazu ebenfalls auffordern.

Um Deinem Pferd das »Kopfsenken« beizubringen, befestige die Führkette seitlich am Halfter und gib dort paradeähnliche Signale. Mit der Gerte kannst Du am Bein herunterstreichen. Gehe in die Hocke, wenn Dein Pferd sicher stehenbleibt, denn es erleichtert ihm, den Kopf zu senken.

Kopf und Hals sind in der richtigen Höhe, wenn sich der Hals etwas tiefer als parallel zum Boden befindet.

Die Frage ist nun, wie machst Du das »Kopfsenken«? Du wirst sehen, daß Du Dich bei vielen Pferden einfach nur vor sie hinzustellen brauchst, eine Hand am Nasenriemen des Halfters und die andere Hand zwischen die Pferdeohren legst (wenn Du sie erreichen kannst). Dann forderst Du das Pferd mit beiden Händen auf, den Kopf herunterzunehmen. Es ist erstaunlich, wie viele Pferde sofort »ja« sagen und es tun.

Bei nervösen Pferden, die sich nicht gerne anfassen lassen, ist es nicht so einfach. Eine Hilfe ist, die Führkette durch den seitlichen Halfterring zu führen und

Das Verschnallen der Führkette seitlich am Halfter ist besonders für das »Kopfsenken« zu empfehlen. Man kann durch sehr feine Signale das Pferd veranlassen, im Genick nachzugeben und den Kopf nach unten zu senken.

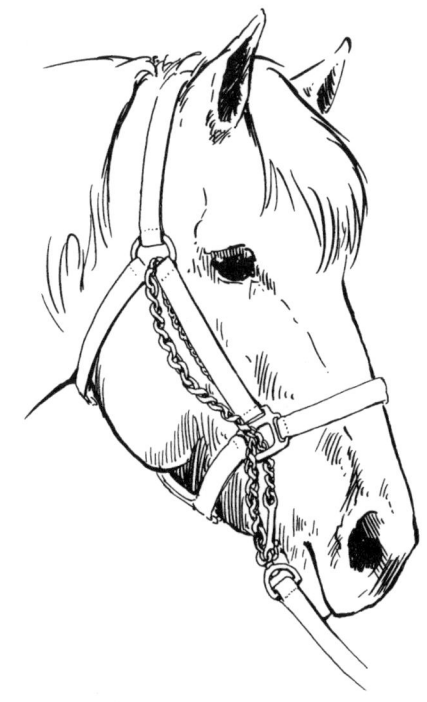

am oberen Ring zu befestigen. Dadurch übt man keinen Druck auf die Nase aus.

Bei einem widersetzlichen und schwierigen Pferd, das den Kopf hoch trägt, kannst Du durch das »Kopfsenken« Deine Stellung in der Rangordnung festlegen. Das ist sehr interessant. Als ich vor vielen Jahren in Deutschland eine Vorführung gab, war ein Tierarzt dabei, und er sagte, dies sei für ihn eine der hilfreichsten Informationen im Umgang mit Pferden gewesen. Er benutze das »Kopfsenken«, damit die Pferde bei tierärztlichen Untersuchungen still stehen.

Wenn Du ein besonders aufgeregtes Pferd hast, das sich stark gegen das »Kopfsenken« wehrt, würde ich Dir raten, das Pferd erst ins Labyrinth zu führen. Versuch es dort aus der Position des »Eleganten Elefanten«, bei der Du die Gerte vor das Pferd hältst, wechsle an der Kette zwischen Druck und Nachgeben, Druck und Nachgeben, damit es den Kopf senkt, während Du es gleichzeitig mit der Gerte an der Brust abstreichst. Die Kette liegt dabei entweder über der Nase oder aber ist seitlich befestigt.

Auch vom Sattel aus kannst Du das Pferd auffordern, den Kopf zu senken. Wenn Du Westernreiter bist und Dein Pferd auf Turnieren vorführen willst, wird von Dir erwartet, daß das Pferd eine tiefe Kopfhaltung zeigt. Du kannst ihm das im Schritt beibringen. Es geht am einfachsten, wenn Du Dich im Sattel etwas vorbeugst, den Arm zu den Ohren aus- streckst und dort auf dem Mähnenkamm das Zeichen gibst, den Kopf zu senken.

Mein Pferd läßt sich die »Maularbeit« überhaupt nicht gefallen. Es denkt, es bekommt etwas zu fressen, und versucht dieses zu finden. Was kann ich tun?

Wichtig ist hierbei, wo Du stehst. Du solltest auf der Höhe des Pferdekopfes stehen und nach vorne schauen. Halte das Pferd fest, indem Du es direkt am Halfter faßt. Dann berühre mit der flachen Hand das Maul und mache »Liegende Leopard TTouches« um Maul,

Die »Maularbeit« beruhigt nervöse Pferde, und sie veranlaßt störrische Tiere zur Mitarbeit. Sie ist auch hilfreich, weil sie die Lernfähigkeit verbessert. Oft mögen Pferde die »Maularbeit« anfangs nicht, nehmen den Kopf hoch und versuchen sich zu entziehen (oben). Diesen Widerstand solltest Du überwinden, denn nach einer Weile genießt es jedes Pferd (unten).

Kinn und über die Lippen des Pferdes. Dann gleite unter die Lippen. Versuche es an der Unter- und der Oberlippe. Wenn das Zahnfleisch zu trocken ist, befeuchte die Finger mit Wasser.

Manche Pferde mögen die »Maularbeit« am Anfang nicht, versuchen ihren Kopf hochzureißen und von Dir wegzuziehen. Doch nach ein paarmal fangen sie an, es zu mögen, und halten ihren Kopf still.

Wenn Du ein Pferd hast, das versucht zu beißen, wende die Position »Den Tiger zähmen« an, damit es keine Möglichkeit hat, Dich zu beißen, während Du die »Maularbeit« machst.

Wofür und warum ist die »Maularbeit« besonders hilfreich?

Zunächst einmal ist es sehr praktisch, einem Pferd beizubringen, sich ins Maul fassen zu lassen. Zum Beispiel für das Aufzäumen, für das Verabreichen von Wurmkuren oder beim Zähneraspeln.

Die »Maularbeit« ist auch eine gute Lektion, um einem jungen Pferd beizubringen, das Gebiß zu akzeptieren. Denn wenn Du alles am Maul machen kannst, brauchst Du nur den Daumen einzuführen, und das Pferd macht das Maul ohne weitere Probleme auf. Sie ist außerdem für nervöse, widerspenstige oder widersetzliche Pferde geeignet. Wir konnten bei diesen Pferden mit der »Maularbeit« große Erfolge erzielen. Denn je schwieriger es war, an das Maul des Pferdes zu gelangen, um so größer war später die positive Veränderung.

Ein weiterer Grund, warum wir Maularbeit machen, ist, daß die gesamte Maulpartie mit dem limbischen System verbunden ist. Dies ist der Teil des Gehirns, der die Emotionen und das Lernzentrum kontrolliert.

Du benutzt bei der Bodenarbeit eine ganze Menge Hilfsmittel – steht das nicht im Gegensatz zum Reiten mit Halsring ohne weitere Hilfsmittel?

Ich glaube, wir müssen zunächst den Fragen nachgehen, warum reiten wir mit Halsring und warum benutzen wir Hilfsmittel bei der Bodenarbeit?

Zunächst: Wir reiten nicht immer mit dem Halsring, aber wir benutzen ihn aus verschiedenen Gründen: 1. Pferd und Reiter haben wirklich Spaß daran. 2. Wir stellen immer wieder fest, daß das Pferd, ohne irgend etwas am Kopf zu tragen, gut und auch gerne geht, weil es ein Partner des Reiters sein kann. Durch das Reiten mit dem Halsring wird eine Vertrauensebene zwischen Reiter und Pferd geschaffen, wie sie sonst mit nichts zu erreichen ist. 3. Auch bei einem Dressur- oder einem Springpferd, nicht nur bei einem Freizeitpferd, kann sich das Gleichgewichtsgefühl wesentlich verbessern, wenn man das Zaumzeug vom Kopf entfernt.

Die Art, in der sich die Pferde bewegen, kann sich durch das Reiten mit einem Halsring erstaunlich verändern. Nicht nur im Schritt, Trab und Galopp, sondern auch beim Springen und ebenso in den Dressurlektionen, wo man wesentlich mehr Bewegungsfreiheit erzielt.

Der Grund, warum wir bei der Bodenarbeit Führkette und Gerte (eine weiße, steife Dressurgerte, ca. 1,3 m lang) benutzen, ist der, daß das Pferd möglichst feine Signale an Kopf und Körper verstehen lernen soll, bevor wir es reiten.

Wir benutzen die Führkette vor allem am Anfang der Ausbildung, um das Pferd besser kontrollieren und versammeln zu können. Viele meinen, wir würden mit der Führkette nur den Kopf des Pferdes herunterholen, aber das gilt nur für aufgeregte und widersetzliche Pferde. Wenn Du ein faules Pferd hast oder eines, das zu sehr auf der Vorhand geht, benutzt Du die Kette, um den Kopf höher zu bringen und es aufmerksamer zu machen. Wir sehen dabei die Kette als Entsprechung zum Gebiß. Du bekommst das Pferd damit leicht zum Stehen, und es gibt durch sanften Druck im Genick nach.

Wir benutzen die Führkette häufig auch bei Pferden, die heftig, unaufmerksam oder unkontrollierbar sind.

Oft sieht man, daß jemand versucht, ein Pferd anzuhalten, indem er sich gegen seine Schulter drückt oder seinen Kopf nach links zieht, damit das Pferd nicht wegziehen kann. Doch dadurch lernt das Pferd, ungehorsam zu werden und sich zu widersetzen. Das ist nicht ungefährlich! Mit der Kette über der Nase lernt ein Pferd, mitzumachen und zu gehorchen. Wenn die Pferde jedoch einmal verstanden haben, was wir von ihnen wollen, erwarten wir, daß sie alles auch ohne die Führkette am Halfter tun.

Die steife Gerte verwenden wir, um damit das ganze Pferd abzustreichen. So vermitteln wir dem Pferd ein neues, sicheres Gefühl für seinen Körper.

Wir benutzen die Gerte beispielsweise beim »Dingo«. Mit dieser Übung erreicht man, daß das Pferd im Genick nachgibt und von hinten untertritt, indem man über den Rücken streicht und den Rücken von der Kruppe aus aktiviert. So kann man das Pferd vom Boden aus versammeln, ohne daß es zu stark vorwärtsgetrieben wird und dadurch Angst bekommt.

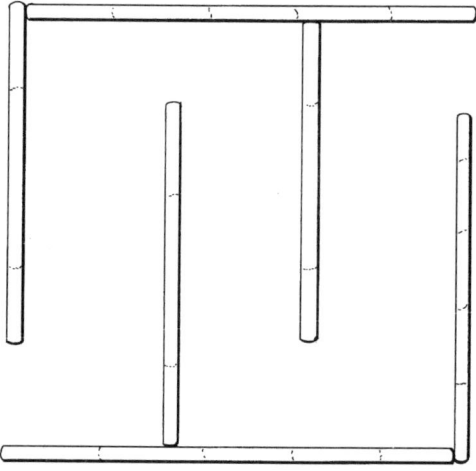

Wir benutzen die Führkette und die Gerte also immer dann, wenn wir alle Körperteile des Pferdes aktivieren und erreichen wollen.

Hier sind die wichtigsten »Hindernisse« für die Bodenarbeit versammelt: Der Stern (oben), das Labyrinth (Mitte) und das Bodenbrett (unten). Die Stangen sollten jeweils 4 m lang sein. Das Brett muß stabil (ca. 4 cm dick) und etwa 1,3 x 2,5 m groß sein.

Mein Pferd kennt die TTeam-Arbeit schon lange, nun findet es die Bodenarbeit langweilig. Wie kann ich die Bodenarbeit wieder abwechslungsreicher gestalten?

Ich glaube, es ist wichtig klarzustellen, was wir von der Bodenarbeit erwarten. Viele Leute glauben, es gehe nur darum, ein Labyrinth zu bauen, Stangen auszulegen, die Pferde unter Plastikplanen durchgehen zu lassen und zu erreichen, daß sie uns wie ein Hund folgen! Das ist nicht unser Ziel. Die Bodenarbeit hat sehr viele gute Gründe. Das Pferd lernt, gehorsam zu sein. Es lernt, auf feine Signale zu achten und zu reagieren. Bodenarbeit fördert die Balance und Koordinationsfähigkeit des Pferdes. Durch die ungewohnten Bewegungen werden neue Nervenbahnen aktiviert, und die Lernfähigkeit verbessert sich.

Bodenarbeit fördert die Partnerschaft zwischen Mensch und Pferd und macht den Pferden Spaß. Pferde, die die Bodenarbeit beherrschen, sind sichere und zuverlässige Pferde.

Wenn Dein Pferd die bisherige Bodenarbeit langweilig findet, dann lass Deine Phantasie spielen! Es gibt so viele Möglichkeiten! Variiere die Stangenanordnung, gehe rückwärts durch das Labyrinth, reite zur Abwechslung ab und zu über den Stern und durch das Labyrinth ... , finde Mittel und Wege, damit die Arbeit Deinem Pferd und Dir wieder Spaß macht.

Ist es für ein altes Pferd auch noch vernünftig, durch das Labyrinth zu gehen, oder ist es durch die starke Biegung überfordert?

Ich finde, es ist hilfreich, auch mit einem steifen Pferd langsam durch das Labyrinth zu gehen. Die langsame Bewegung, zwei Schritte und Halt, zwei Schritte und Halt, hilft ihm, sich in den Ecken zu biegen. Wenn es Schwierigkeiten hat, lege das Labyrinth etwas größer an. Kombiniere bei einem steifen Pferd das Labyrinth auch mit TTouches. Mach die TTouches, die ihm gut tun.

Gesundheit

Mein Pferd hat häufiger Bauch-
schmerzen, die zum Glück nicht
in einer richtigen Kolik enden.
Ich habe gehört, daß die Ohrenarbeit sehr hilfreich bei Bauch-
schmerzen sein soll. Könntest
Du kurz beschreiben, wie ich die
Ohren richtig behandle?

Die Frage für mich ist, warum neigt das
Pferd dazu, eine leichte Kolik zu bekommen? Es könnte verschiedene Gründe geben. Zunächst einmal muß Dein Tierarzt
feststellen, ob das Pferd Würmer hat,
denn auch Würmer können die Ursache
für Kolik sein. Dann sollte das Futter geprüft werden, denn Getreide, das
schlechte Körner enthält, kann Probleme
verursachen. Es kann auch sein, daß das
Heu oder die Pellets Schimmelsporen
enthalten.

Wenn Du sicher bist, daß von dieser
Seite her alles in Ordnung ist, dann
kommt auch Streß als Ursache in Frage.
Streß kann viele verschiedene Gründe haben. Zum Beispiel kann es sein, daß sich
das Pferd in einer neuen Umgebung
nicht wohl fühlt oder daß es in einer Herde nicht akzeptiert wird. Außerdem kann
ein Transport oder eine Turnierteilnahme
die Ursache sein.

Bei jeder Kolik kannst Du eine Menge
tun, während Du auf den Tierarzt wartest
– ein Tierarzt muß jedoch auf jeden Fall
hinzugezogen werden! Die »Ohrenarbeit« ist eine gute Möglichkeit, die Zeit
zu überbrücken, bis der Tierarzt da ist.
Sie hilft auch bei schweren Kolikanfällen,
wenn sich die Pferde auf den Boden wer-
fen wollen, und wirkt nach meiner Erfahrung schneller und besser als das Herum-
führen des Pferdes. Sie hilft auch, wenn
sich das Pferd allgemein nicht wohl fühlt.

Für die »Ohrenarbeit« stehst Du vor
dem Pferd, mit der einen Hand hältst Du
das Halfter, mit der anderen beginnst Du
in der Mitte des Kopfes, zwischen den
Ohren, und streichst das Ohr über den
Ohrenansatz zur Seite bis zur Ohrspitze
aus. So streichst Du fünf, sechs Mal ein
Ohr aus, dann wechselst Du die Hände,
hältst das Halfter auf der anderen Seite
und streichst über das andere Ohr bis zur
Ohrspitze.

Es ist wichtig, daß das ganze Ohr behandelt wird und nicht nur die Ohrspitze,
wie man es manchmal sieht, und zwar aus
verschiedenen Gründen: 1. Am Ohrenansatz sitzt ein Akupunkturpunkt, der
»Dreifache Erwärmer«, der das Verdau-
ungs- und Atmungssystem und die
Fruchtbarkeit beeinflußt. 2. An der Ohrspitze befindet sich ein Punkt, der für den
Magen, aber auch bei Schockzuständen

Oben: Die »Ohrenarbeit« beeinflußt den ganzen Körper des Pferdes, besonders aber das Immun- und Nervensystem des Tieres. Im Ohr liegen alle Akupunkturpunkte des Körpers beisammen. Du kannst die Ohrenarbeit bei Kolik, Schock, Streß, Verspannungen oder auch zum allgemeinen Wohlbefinden sowie zum Aufbau von Vertrauen anwenden.

Rechts: Zwischen der Schweifrübe und dem Anus befindet sich der »Gaspunkt«. TTouches an dieser Stelle helfen, daß angesammeltes Gas entweichen kann, z. B. bei einer Kolik.

wichtig ist. 3. Überall dazwischen liegen Punkte, die den gesamten Körper des Pferdes beeinflussen. Wenn man das ganze Ohr behandelt, erreicht man auch den ganzen Körper des Pferdes.

Wenn das Pferd versucht, sich hinzulegen, machst Du die Bewegungen schneller und kräftiger. Wenn die Schmerzen nachlassen, kannst Du mit den Bewegungen langsamer weitermachen.

Manchmal stellt man schon nach wenigen Minuten eine Besserung fest, vor allem, wenn die Kolik nicht so schlimm ist.

Bei einer schweren Gaskolik, wenn der Bauch aufgedunsen ist, kannst Du, während Du auf den Tierarzt wartest, noch etwas anderes tun: Direkt unterhalb des Schweifansatzes, zwischen Schweifrübe und Anus, ist eine kleine Grube. Dort machst Du kleine Kreise, drückst und läßt wieder los. Dort befindet sich der sogenannte »Gaspunkt«. Wenn Du diesen Punkt behandelst, kann die Gasansammlung entweichen.

Ich habe einmal das »Bauchheben« gesehen. Wie macht man es ohne Helfer?

Du kannst bei einer Kolik auch das »Bauchheben« machen. Auf diese Weise kann die Darmaktivität wieder in Gang gebracht werden. Es wird auch bei Ner-

Das »Bauchheben« entspannt den ganzen Rumpf und ist eine große Hilfe bei Kolik, Streß, Sattelzwang, Rückenproblemen, Verspannungen, bei trächtigen Stuten und bevor Du ein rohes Pferd zum ersten Mal sattelst. Beginne direkt hinter den Vorderbeinen und geh jeweils eine Handtuchbreite nach hinten, so weit, wie es für das Pferd angenehm ist.

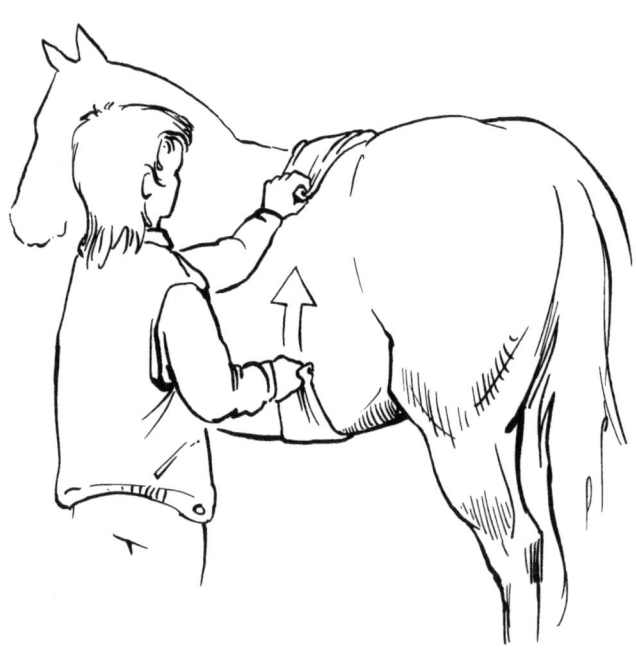

vosität, Rückenschmerzen oder -verspannung, Sattelzwang oder bei trächtigen Stuten angewandt.

Wenn Du allein bist, nimmst Du ein großes Badetuch oder anderes langes Tuch, faltest es auf etwa 20 cm Breite, hältst das eine kurze Ende auf Deiner Seite, legst das Tuch über den Rücken und ziehst es unter dem Bauch hindurch, wo Du es ebenfalls festhältst. Du ziehst das Tuch langsam unter dem Bauch hoch, hältst es etwa fünf bis zehn Sekunden und läßt es dann langsam wieder herunter. Du bewegst das Tuch am ganzen Bauch entlang nach hinten und fängst dann wieder hinter den Ellbogen an. Wenn Du das Tuch drei bis vier Mal von den Ellbogen bis zu den Flanken bewegt hast, wirst Du normalerweise eine Besserung feststellen. Wenn das Pferd eine schwere Kolik hat und Ihr seid zu zweit, sollte einer an den Ohren arbeiten und der andere das »Bauchheben« machen.

> **Du hast früher einen Schmerzpunkt kurz unterhalb und zwischen den Nüstern gezeigt. Benutzt Du diesen Punkt immer noch, und wenn ja, wann?**

Das ist der Punkt, den wir bei Kolikschmerzen oder auch anderen Schmerzen benutzt haben, bevor wir das »Bauchheben« entdeckten. Diesen Punkt zu touchen, hilft gegen die Schmerzen. Man kann es mit der »Ohrenarbeit« und dem »Bauchheben« kombinieren, da diese die Ursachen des Schmerzes beseitigen, der Punkt zwischen den Nüstern allerdings nur den Schmerz selbst.

Ich habe herausgefunden, daß viele der Methoden, die wir bei Pferden anwenden, auch gut für Menschen geeignet sind. Wenn Du die Stelle zwischen Nase und Oberlippe, die kleine Grube, mit Kreisen reibst, drückst und wieder losläßt, reibst, drückst und wieder losläßt, hilft das – auch gegen akute Schmerzen oder bei Krämpfen.

Was hilft gegen Verspannungen?

Bei Verspannungen gibt es mehrere Möglichkeiten: Das Pferd ist im Rücken oder im Hals verspannt, oder es handelt sich um ein insgesamt nervöses Pferd, das herumtrippelt, leicht scheut, schreckhaft ist und einen ausgeprägten Fluchtreflex hat. Meist kommen noch eine hohe Kopfhaltung und ein Hirschhals dazu. Je nachdem gibt es verschiedene Antworten auf diese Frage.

Ein nervöses Tier wird immer verspannt sein. Anfangs sollte man den ganzen Körper ca. 30 Minuten behandeln. Danach reichen oft schon etwa zehn Minuten. Wenn Du das erste Mal mit solch einem Pferd arbeitest, das nicht ruhig steht, ist es am besten, es in der Position »Den Tiger zähmen« anzubinden. Fang an der Stelle des Körpers an, die das Pferd am besten akzeptiert.

Ich kenne dazu ein interessantes Beispiel: Es ist ein Grand-Prix-Dressurpferd, das scheut, wenn es die Stallgasse entlang geführt wird, zum Beispiel vor einem Strick, der sonst dort nicht liegt. Als ich zum ersten Mal mit ihm arbeitete, haßte der Wallach es, wenn ich ihn anfaßte. Egal an welcher Stelle, er wollte es nicht. So hielt ich ihn zunächst am Halfter, begann mit dem »Liegenden Leopard TTouch« an seinem Hals und schob anschließend mit dem »Python Lift« die Haut nach oben, hielt an, atmete tief ein und führte die Haut langsam wieder zurück. Ich machte das überall an seinem Hals, ungefähr fünf Minuten, bis seine Augen einen etwas sanfteren Ausdruck bekamen und er den Kopf zu senken begann. So arbeitete ich etwa 15 Minuten überall an Hals, Rücken und Schultern. Dann ging ich mit ihm die Stallgasse entlang, bzw. die Besitzerin ging mit ihm, und zum ersten Mal scheute er nicht. Für die nächsten Behandlungen habe ich empfohlen, zunächst diesen kombinierten TTouch aus »Wolken Leopard« und »Python Lift« anzuwenden.

Bei allgemeinen Spannungen hilft die »Schweifarbeit«. Versuche dies bei Pferden, die in der Hinterhand sehr verspannt sind oder die bei Geräuschen hinter ihnen leicht erschrecken. Beginne an der Schweifrübe, nimm eine Haarsträhne und streiche langsam am ganzen Haar entlang herunter.

Bei Verspannungen im Hals kann die »Ohrenarbeit« hilfreich sein. Wenn das Pferd den Kopf senkt, während Du vor ihm stehst und langsam die Ohren ausstreichst, wird die Spannung aus dem ganzen Körper genommen. Auch die »Maularbeit« hat eine allgemein entspannende Wirkung.

Bei Verspannungen im Rücken hilft

Dies ist eine besondere Form der »Schweifarbeit«: Gleite an den Schweifhaaren von der Schweifrübe bis zu den Haarspitzen entlang. Fünf Minuten dieser Übung reichen oft schon aus, nervöse oder ängstliche Pferde zu beruhigen. Es eignet sich auch für Pferde, die ausschlagen oder Angst vor Geräuschen haben, die von hinten kommen. Es entspannt den ganzen Körper.

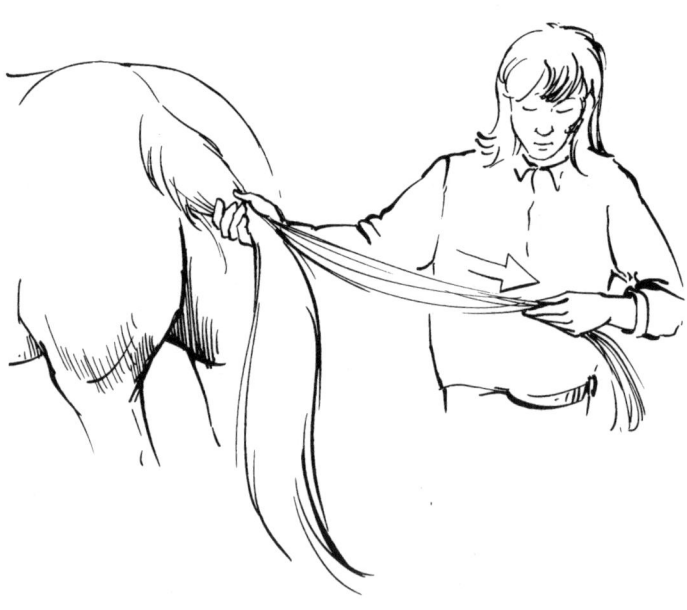

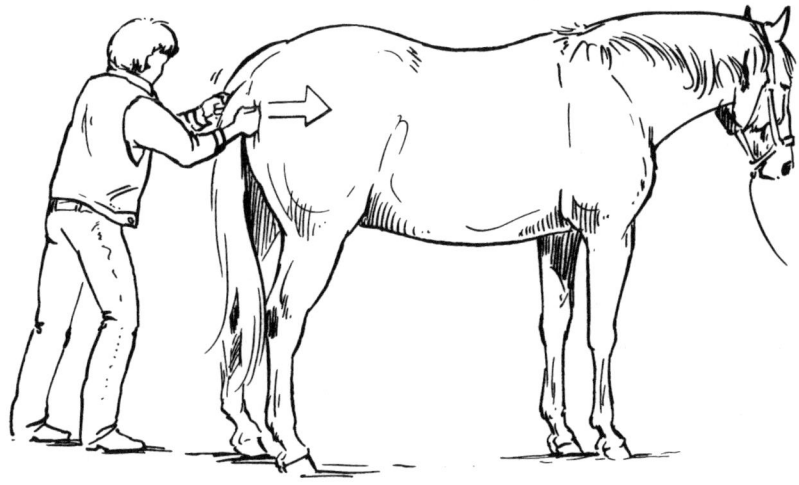

Diese Übung bringt dem Pferd Entspannung über den Rücken bis in die Ohren hinein. Verlagere dabei Dein Körpergewicht über die Handknöchel auf die Sitzbeinhöcker des Pferdes. Lass dann langsam wieder los und wiederhole es.

diese Art der Schweifarbeit: Wenn man langsam sein Gewicht, die Hände umfassen dabei die Schweifrübe, ein paar Sekunden von einem Fuß auf den anderen verlagert, hält und langsam wieder losläßt, verringert das die Spannung im Rücken.

Oder Du drückst mit Deinen beiden Fäusten mit Deinem Körpergewicht gegen die Sitzbeinhöcker Deines Pferdes.

Aber Vorsicht: Stelle Dich nie direkt hinter Dein Pferd, wenn Du nicht ganz sicher bist, daß es nicht ausschlägt.

Auch das »Lecken der Kuhzunge« ist für Rückenprobleme hilfreich: Die leicht gespreizte Hand legst Du in die Mitte unter den Bauch des Pferdes, dann fährst Du am Bauch entlang nach oben bis zur Wirbelsäule – das fördert die Durchblutung. Fünf Minuten auf jeder Seite, den Rücken entlang bis zur Kruppe, können ausreichen.

Mein Pferd ist zu Beginn der Reitstunde steif. Was kann ich tun?

Bei solchen Pferden erreicht man eine Menge, wenn man sie mit den TTouches behandelt. Ich arbeite oft mit jüngeren Pferden, die schon steif sind. Sogar bei alten Pferden erreicht man erstaunliche Veränderungen. Wenn die Beine, die Gelenke, steif sind, helfen der »Octopus« und »Python Lifts« an den Beinen, von den Ellbogen bis ganz runter zu den Hufen. Auch die »Waschbär TTouches«, dies sind kleine, feine Kreise, überall um die Gelenke herum, können helfen.

Mach die Kreise langsam und möglichst am Ende des Kreises einen »Python

Der »Python Lift« entspannt nervöse Pferde, gibt einen sicheren Tritt, und er ist eine Vorbereitung auf das Heben der Hufe. Umfasse mit beiden Händen den oberen Teil des Pferdebeines. Schiebe die Haut nach oben, halte sie ein paar Sekunden und führe sie dann wieder nach unten. Beginne jeden neuen »Python« etwa 5 cm unter dem vorherigen.

Lift«, diese Kombination wende ich sehr gerne an.

Man muß vorsichtig mit der Beinarbeit bei steifen oder älteren Pferden sein. Ich würde zum Beispiel nicht mehr das Bein nach vorne ausstrecken, wie ich es früher gezeigt habe oder wie man es manchmal bei Massage- und Stretchingübungen sieht.

Auch durch die ungewohnten Bewegungen der Beinarbeit verbessert sich der Tritt des Pferdes. In der Zeichnung kannst Du erkennen, wie es gemacht wird. Bei der Beinarbeit, z. B. am linken Vorderbein, hält man mit der rechten Hand den Huf und stabilisiert mit der linken Hand das Fesselgelenk, so daß es gerade und nicht überstreckt ist. Die Bewegung kommt aus der Schulter des Pferdes heraus. Man beginnt mit den Kreisen unterhalb des Vorderfußwurzelgelenks. Die Hufsohle sollte senkrecht zum Boden gehalten werden. Der Kreis soll parallel zum Boden in etwa um die Stelle, wo der Huf vorher gestanden hat, verlaufen. Einige Kreise in verschiedenen Richtungen und Höhen genügen. Oder kreise das Bein spiralenförmig zum Boden herunter.

Ein Tip für steife Pferde mit Arthrose: Halte diese Pferde bei kaltem Wetter warm. Ich würde bei Arthrose sogar empfehlen, Wollbandagen umzulegen, damit die Beine warm bleiben.

Auch das Reiten mit dem Trainingsgebiß kann bei steifen Pferden nützlich sein. Ich erinnere mich an einen Fall in einem Reitkurs in Deutschland. Es gab dort eine 7-jährige Stute, die unter dem Sattel steif ging. Wir legten ihr das Trainingsgebiß an und polsterten den Sattel stärker mit Decken aus. Die Stute war wie ausgewechselt, es war wie ein Wunder. Du dachtest, Du hättest ein anderes Pferd vor Dir – und das nach nur einer Behandlung. Wir arbeiteten ein bißchen an ihrem Rücken, aber nicht viel. Diese erstaunliche Veränderung machte wohl vor allem das Reiten mit dem Trainingsgebiß und die Sattelpolsterung aus.

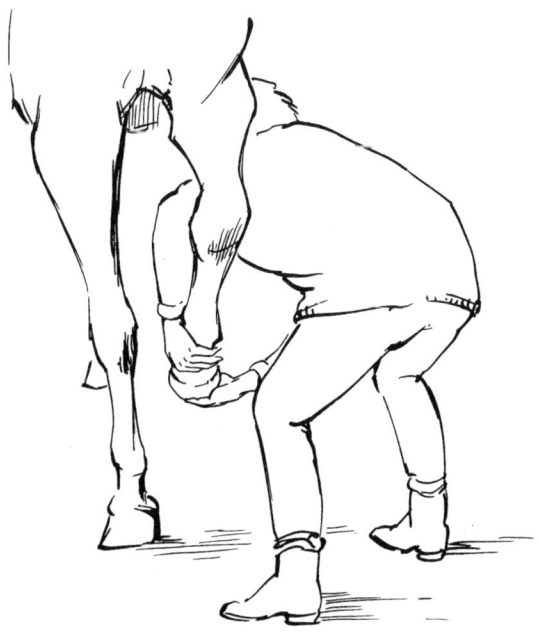

Das »Beinkreisen« ist eine gute Übung für Pferde, die einen kurzen Tritt haben, häufig stolpern oder ihre Hufe nicht heben wollen. Halte den Huf wie in der Zeichnung zu sehen, und stabilisiere dabei das Fesselgelenk. Führe das Bein in einer spiralförmigen Bewegung in beiden Richtungen nach unten. Wenn sich das Pferd entspannt hat, kannst Du den Huf ca. 15 cm hinter der Stelle auf die Hufspitze absetzen, an dem er gestanden hat.

Was hilft bei einem schmerzenden Rücken?

Wenn ich höre, daß ein Pferd Rückenschmerzen hat und daß schon alles mögliche versucht wurde, lasse ich zunächst den Reiter aufsitzen und prüfe, ob der Sattel richtig paßt. Viele Leute kommen zu mir, deren Pferde unter Rückenbeschwerden leiden, und erklären mir, daß der Sattel extra für das Pferd von einem Sattler angefertigt worden sei. Allerdings wurde der Sattel nicht unter dem Gewicht des Reiters geprüft. Solange man nicht reitet, mag ein Sattel wunderbar aufliegen, doch sobald jemand auf dem Pferd sitzt, sollte man nachkontrollieren: Der Sattel ist zu eng, wenn man mit der Hand an dem Vorderblatt des Sattels entlangfährt und die Hand ganz offensichtlich dabei eingeklemmt wird. Besonders bei Pferden mit einem hohen Widerrist ist es häufig der Fall, daß der Sattelbaum ohne das Reitergewicht frei liegt, doch

Das »Rückenheben« aktiviert die Bauchmuskeln, gleichzeitig hebt sich der Rücken, und er wird dadurch elastischer und stärker. Anfangs drückst Du mit den Fingernägeln, dann mit den Fingerspitzen an der Mittellinie unter dem Bauch entlang.

sobald der Reiter im Sattel sitzt, drückt er nach unten auf den Widerrist.

Du mußt prüfen, ob der hintere Teil des Sattels gut aufliegt oder ob er auf den Rücken drückt, weil das Gewicht nicht gleichmäßig genug verteilt ist.

Wenn ich den Sattel sorgfältig geprüft habe und es immer noch Probleme gibt, probiere ich die verschiedensten Satteldecken und Pads aus.

Die Frage war aber eigentlich, was man gegen die Rückenschmerzen tun kann.

Zunächst versucht man, den Rücken zu heben, indem man mit beiden Händen unter die Mittellinie des Bauches faßt

und dort mit den Fingernägeln nach oben drückt. Die Pferde spannen die Bauchmuskeln an, heben damit den Rücken hoch, und die Rückenmuskeln entspannen sich.

Wenn das Pferd gelernt hat, seinen Rücken zu heben, kannst Du dies auch mit der flachen Hand tun. Lasse eine Hand unter dem Bauch und beginne mit der anderen Hand mit kombinierten

Oben: »Bär TTouch« am Hals: Die Finger sind angewinkelt und können so mit mehr Druck und tiefergehend in die Muskeln gehen. Die Helferin kniet vor dem Pferd, um es mit der Führkette zum »Kopfsenken« zu veranlassen. Unten: Eine weitere Möglichkeit, den Hals zu entspannen – der sogenannte »Inchworm TTouch«: Beide Hände greifen um den Mähnenkamm und schieben sich leicht aufeinander zu und wieder auseinander. So geht es Stück für Stück am Mähnenkamm entlang.

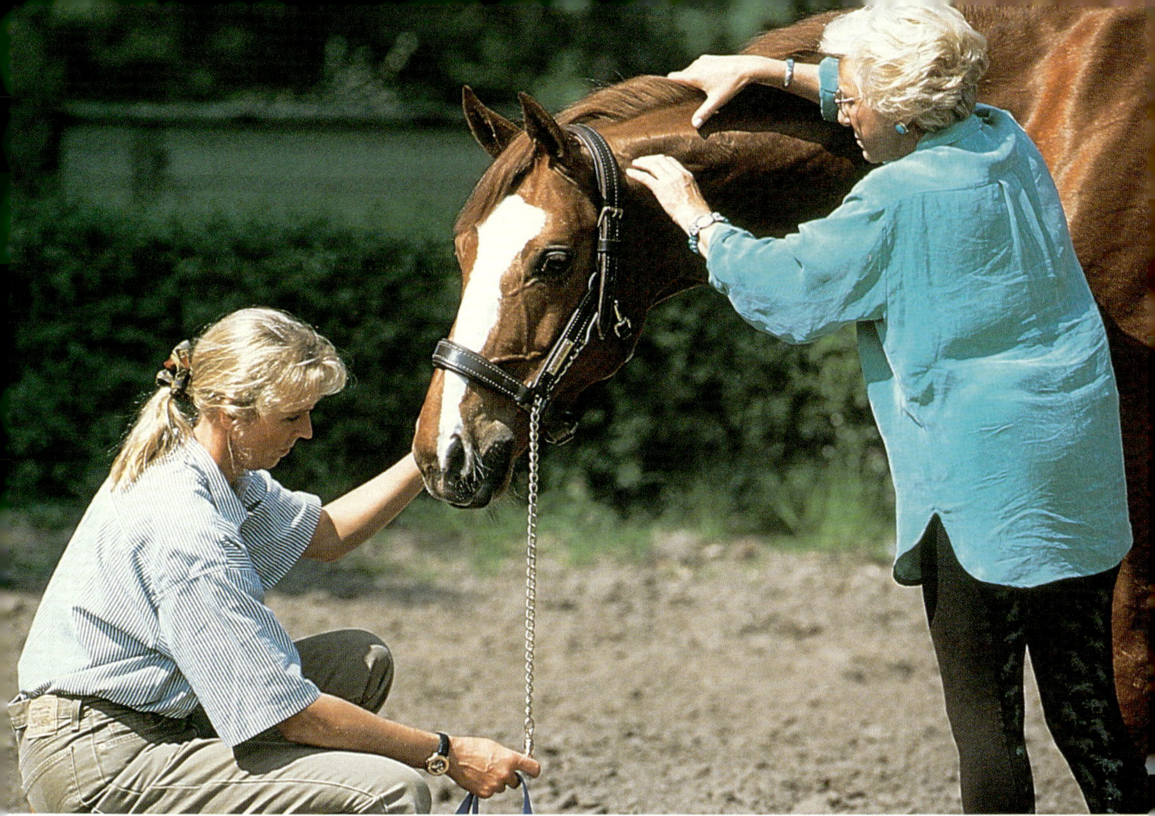
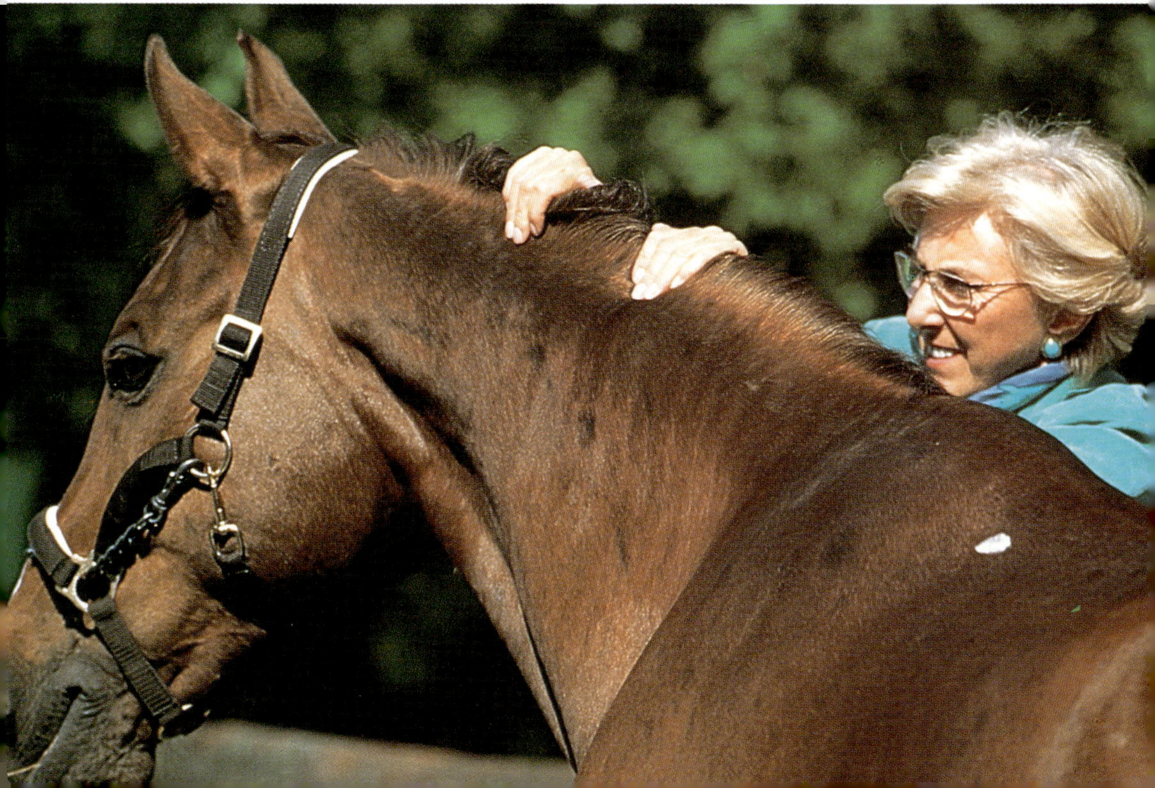

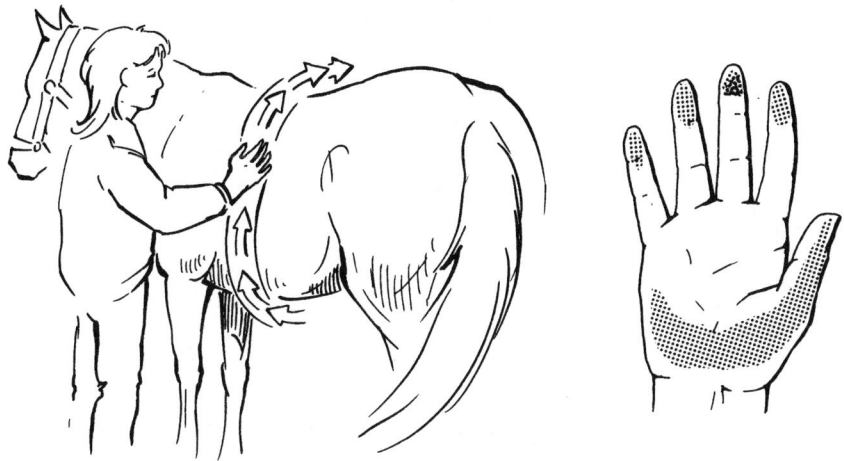

Das »Lecken der Kuhzunge« aktiviert die Muskeln des Bauches, erhöht die Elastizität und die Blutzirkulation des Rückens und schafft eine »neue« Verbindung zwischen Bauch und Rücken.

»Wolken Leopard TTouches« und »Python Lifts«. Arbeite am ganzen Rücken und an den Rippen entlang.

Ich halte auch das »Lecken der Kuhzunge« als besonders hilfreich. Wenn das Pferd kitzlig ist, beginne mit einer kur-

Oben: »Liegende Leopard TTouches« am Rücken des Pferdes. Die zweite Hand befindet sich am Körper des Pferdes, um eine Verbindung herzustellen. Der Mensch ist dadurch außerdem besser ausbalanciert.
Unten: Zuerst wird der Schweif gehoben und gelockert (links). Danach nimmt man die Schweifrübe, verlagert das eigene Gewicht vom vorderen auf den hinteren Fuß, so daß das Pferd eine Verbindung von der Schweifrübe über den Rücken zum Kopf spürt (rechts).

zen Form. Dabei fängt man nicht unten am Bauch mit der Bewegung an, sondern beginnt im oberen Drittel des Rumpfes und streicht dann zur Wirbelsäule.

Wenn Dein Pferd Rückenschmerzen hat, rate ich beim Reiten dazu, leichtzutraben statt auszusitzen, bis der Rücken des Pferdes kräftiger geworden ist.

Ich habe auch festgestellt, daß Pferde, die ständig in versammelter Haltung geritten werden, im Rücken verspannt sind. Bei solchen Pferden könntest Du abwechselnd mit einem Lindel und mit Deiner üblichen Zäumung reiten, die Du jeweils mit dem Balancezügel kombinierst. Der Balancezügel ist ein ca. 1 cm dickes, 7 m langes Seil, das aus Luftmaschen geflochten ist.

Der Balancezügel liegt unten am Hals. Wenn er aufgenommen wird, aktiviert er die Muskeln, die für das Heben des Rückens verantwortlich sind. Du solltest den Balancezügel und den anderen Zügel zu jeweils 50 % einsetzen.

Mit dem Balancezügel hat der Reiter das Pferd besser unter Kontrolle, ohne zu stark am Zügel ziehen zu müssen, was ebenfalls ein Grund für Rückenschmerzen sein kann.

Bei Rückenschmerzen hilft auch die »Schweifarbeit«.

Dieses Pferd wird mit einer gebißlosen Zäumung, genannt »Lindel«, und einem Balancezügel um den Hals geritten. Diese Kombination eignet sich hervorragend für Pferde, die hinter der Senkrechten gehen, oder für nervöse, sensible oder junge Pferde. Man kann damit außerdem gut einmal eine entspannte Reitstunde einlegen.

Mein Pferd ist dämpfig. Können TTouches Linderung verschaffen?

Als erstes solltest Du prüfen, ob das Futter in Ordnung ist, und Dich vergewissern, daß es nicht staubig ist. Das Pferd sollte frische Luft bekommen und keine Ammoniak-Dämpfe einatmen. Staubiges Heu und Ammoniak können Dämpfigkeit auslösen und verschlimmern. Es kann sich auch um eine Allergie handeln.

Dämpfige Pferde können nicht so gut durchatmen und geraten daher leichter in Streßsituationen. Ich habe mit dämpfigen Pferden gearbeitet, die sehr aufgeregt und gestreßt waren, da sie nicht genügend Luft bekamen.

Durch das »Bauchheben« wird die Atmung erleichtert und freier. Auch mit der Kombination aus »Wolken Leopard

TTouch« und »Python Lift« habe ich gute Erfahrungen. Du solltest Dein Pferd damit im ganzen Bereich der Rippen und der Flanken behandeln. So erreichst Du eine wesentliche Besserung bei dämpfigen Pferden, denn sie bekommen durch die Entspannung mehr Raum zum Atmen.

Mit der »Ohrenarbeit« kannst Du außerdem am Ohrenansatz das Atmungssystem beeinflussen.

Eine andere Möglichkeit, das Atmen zu erleichtern, bietet dieser neue TTouch, der besonders den Bereich der Rippen entspannt: Du stehst etwa auf der Höhe der Flanken des Pferdes, nimmst mit einer Hand die Schweifrübe und ziehst sie zu Dir. Gleichzeitig schiebst Du mit der anderen Hand die Rippen vorsichtig in Richtung Pferdekopf.

Durch den sogenannten »Rib Release« TTouch kannst Du die Rippen und den Rücken Deines Pferdes entspannen. Halte dazu den Schweif mit der linken Hand und drücke mit der rechten Hand flach gegen die Rippen. Beginne hinten und arbeite Dich zur Gurtregion vor.

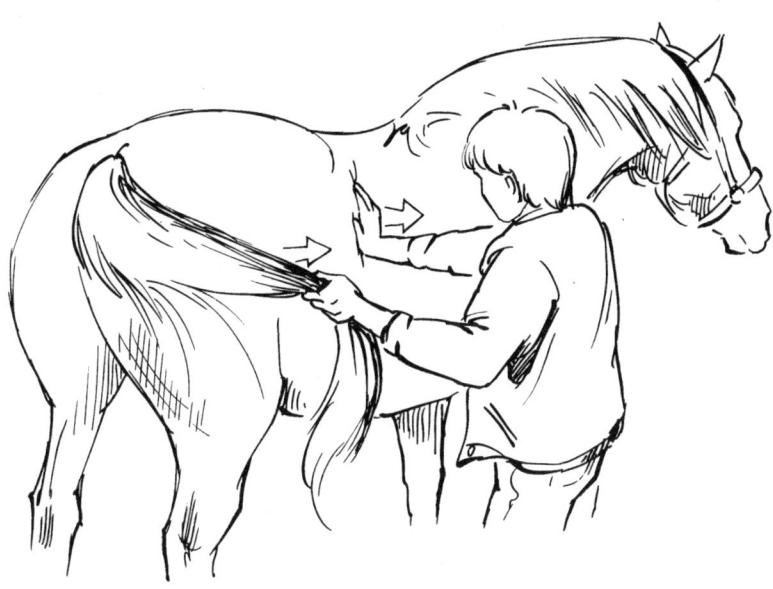

Verhalten

Mein Pferd koppt, was kann ich tun?

Nach meiner Erfahrung kann man mit TTouch nicht viel tun, um das Koppen zu verhindern oder zu beseitigen.

Ich habe aber ein paar Tips: Besitzer von Koppern haben uns berichtet, daß sie jeden Tag vor oder nach dem Reiten fünf Minuten »Ohrenarbeit«, »Bauchheben« und »Rückenheben« machten und regelmäßig ein paar Minuten das »Lecken der Kuhzunge«, und daß ihre Pferde dadurch weniger koppten. Beim Koppen verspannt sich der Rücken, und deshalb können alle rückenentspannenden TTouches hilfreich sein.

Wenn Du ein Pferd hast, das nur dann koppt, wenn es die Zähne auf etwas abstützen kann, und Du ihm das Koppen abgewöhnen mußt, weil es zu Koliken

neigt, dann ist es sinnvoll, einen »Kopp-Korb« (eine Art Maulkorb) anstelle des Kopp-Riemens zu benutzen. Der »Kopp-Korb« wird am Halfter befestigt, und mit ihm kann das Pferd fressen und trinken. Ich finde den üblichen Kopp-Riemen schrecklich für Pferde, da man ihn sehr fest verschnallen muß, um das Koppen zu verhindern. Wenn Dein Pferd einen tragen muß, weil es sonst ständig Kolik bekommt, dann rate ich Dir, jedesmal, wenn Du den Kopp-Riemen abnimmst, »Wolken Leopard TTouches« oder »Liegende Leopard TTouches« in Verbindung mit dem »Python Lift« überall in der Halsgegend zu machen. Streiche zwei bis drei Minuten lang die Ohren aus, um das allgemeine Unwohlsein zu lindern. Mach auch einige langsame »Bär TTouches« den ganzen Hals entlang.

Bei Pferden, die leider nur selten rausgelassen werden können, kann man eine gewisse Besserung erreichen, wenn man ein besonderes Stallgitter anbringt, so daß das Pferd aus der Box herausschauen kann. So hat es die Chance, am allgemeinen Stallgeschehen teilzunehmen, was oft hilft.

Ein anderer Tip: Wenn das Pferd im Stall stehen muß oder auch, wenn es draußen im Paddock koppt, gib ihm jeden Tag Äste von Fichten (keine Edeltannen) oder ungiftigen Laubbäumen zum Knabbern (z. B. Weide, Eiche, Buche, Apfel). Dann ist es mit Fressen beschäftigt und koppt weniger.

Links: Pferde sind Herdentiere. Wenn sie in einer Box stehen müssen, sollten sie, um gesund zu bleiben, so viel Kontakt wie möglich zur Außenwelt haben können. Solche »Türgitter« ermöglichen den Pferden eine bessere Sicht.

Mein Pferd webt, was kann ich tun?

Weben kann eine Reihe von Gründen haben, und bei vielen Pferden können die TTouches helfen. Meistens haben die Pferde zu viel Energie, weil sie zu wenig Bewegung und/oder zu viel Kraftfutter bekommen oder weil ihnen langweilig ist. Durch das Weben verspannen sie sich.

Es gibt verschiedene Lösungen für dieses Problem. Du kannst die Spannungen im Körper eines Pferdes ganz erheblich mit TTouches verringern: Mit »Wolken Leopard TTouches« in Kombination mit »Python Lifts« über den ganzen Körper, oder auch mit »Ohrenarbeit«. Wenn Du es dazu bringst, den Kopf zu senken und an seinem Hals arbeitest, kannst Du Spannungen lösen. Durch das »Bauchheben« werden Verspannungen der Rücken- und Bauchmuskulatur gelöst, und das Pferd atmet wieder tiefer durch. »Python Lifts« an den Beinen und der »Octopus« verringern die Steifheit und verbessern die Durchblutung.

Die TTouches haben zur Folge, daß das Web-Muster unterbrochen wird. Bei Pferden, die weben, hat sich in ihrem Kopf eine bestimmte gewohnheitsmäßige Bewegungsabfolge festgesetzt. Mit den TTouches aktivierst Du bisher nicht benutzte Nervenbahnen, und das Pferd kann dieses Muster durchbrechen.

Mit am wichtigsten ist es, daß das Pferd ins Freie kommt und mit anderen Pferden oder Tieren zusammen ist. Wir wissen natürlich, daß so eine Möglichkeit nicht immer besteht. Wenn Dein Pferd im Stall stehen muß und es gar keinen anderen Ausweg gibt, solltest Du zumindest das schon gezeigte Stallgitter anbringen lassen, damit es rausschauen und sehen kann, was draußen vorgeht. Du solltest dafür sorgen, daß es andere Pferde sehen kann. Es stärkt die psychische Verfassung, denn Weben ist oft für die Seele und den Körper des Pferdes schädlich.

Ein besonderer Tip: Probiere es mit einem Walkman, den Du sicher am Halfter befestigst. Klebe dem Pferd die Ohrhörer jeweils direkt an das Ohr und spiele ihm leise harmonische, klassische Musik vor, z. B. Gitarren- oder Violin-Konzerte! Probiere ganz vorsichtig, Dein Pferd auf diese Weise vom Weben abzubringen. Wenn es nicht funktioniert, wende die TTouches an, die ich genannt habe.

Mein Pferd schlägt ständig gegen die Stallwand. Was kann ich tun?

Pferde schlagen, weil sie entweder unter starker Spannung stehen und zuviel Energie haben, allgemein verspannt sind, oder manchmal auch, weil sie Schmerzen haben. Das Problem ist, daß sie sich beim Ausschlagen verletzen können und noch verspannter werden, statt daß es ihnen besser geht. In solch einem Falle würde ich alle TTouches machen, die Dir nur einfallen – überall am Körper: »Ohrenarbeit«, »Python Lifts« an den Beinen, »Bein-Kreisen« – und vor allem dem Pferd mehr Bewegung verschaffen.

Achte auf das Futter, das das Pferd bekommt, denn auch eine Futterallergie kann Weben oder Schlagen auslösen. Eine Allergie kann die Ursache für eine Reihe von Problemen und Verhaltensstörungen sein, bei denen wir nie auf die Idee kämen, daß sie vom Futter herrühren.

Mein Pferd schlägt gegen die Stallwand, bevor es Futter bekommt. Was kann ich tun?

Viele Leute sagen: »Ach, mein Pferd ist so ungeduldig, deshalb muß es warten, bis alle anderen etwas zu fressen haben.« Das ist keine gute Idee, denn je mehr ein Pferd ausschlägt, desto eher lernen es auch die anderen. Wenn ein Pferd mit dem Huf gegen die Stallwand schlägt, ist eine Möglichkeit, ihm das Futter zuerst, vor allen anderen Pferden, zu geben. Ich würde auch raten, nicht immer zur selben Zeit zu füttern. Gib solch einem Pferd so viel Heu, wie es will, so daß es nie wirklich hungrig ist.

Es kann sein, daß ungeduldige Pferde, als sie jung waren, schlechte Erfahrungen gemacht haben, daß sie nicht genügend Futter bekamen und hungrig blieben. Daraus ist dann die schlechte Angewohnheit entstanden. Mache die »Bein-Kreise«, »Python Lifts«, »Ohrenarbeit« und andere TTouches, um die Gewohnheit zu durchbrechen. Pferde lernen außerdem durch die Bodenarbeit still zu stehen, wenn sie dazu aufgefordert werden.

Mein Pferd verträgt sich nicht mit anderen Pferden! Was kann ich tun?

Pferde sind meist aggressiv gegenüber anderen Pferden, weil sie unsicher sind, schlechte Erfahrungen gemacht haben oder einen schmerzempfindlichen Körper haben. Sie greifen die anderen an, weil sie sich nicht wohl fühlen.

Hier kann der TTouch wirklich etwas

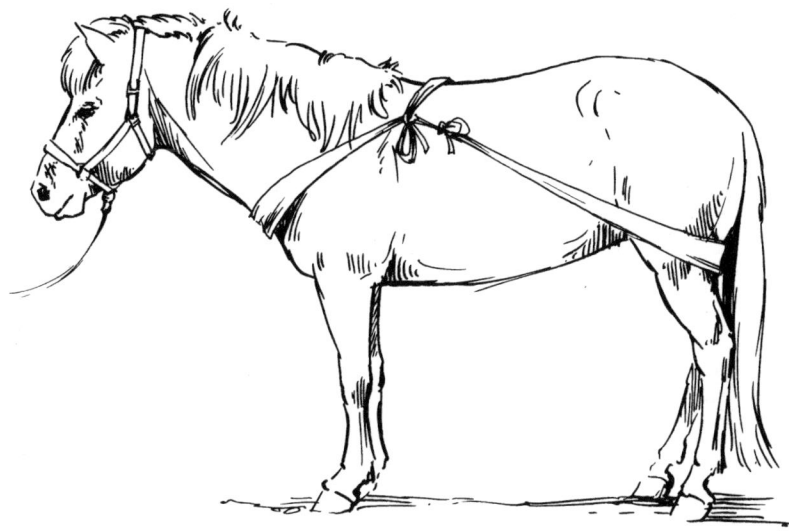

Wenn Dein Pferd nervös ist oder beim Putzen nicht still steht, helfen oft zwei elastische Bandagen um Vor- und Hinterhand gebunden.
Es bekommt dadurch ein sicheres Gefühl für seinen Körper.

verändern, denn die Pferde bekommen ein neues Gefühl für ihren Körper. Vor allem durch den verbundenen »Wolken Leopard TTouch« in parallelen Linien zur Wirbelsäule bekommen die Pferde mehr Bewußtsein für ihren Körper. Ihr Selbstbild wird gestärkt und dadurch auch ihr Selbstvertrauen. Abgesehen von den TTouches sollte man mit ihnen zusammen mit anderen Pferden arbeiten. So sollte man bei der Bodenarbeit das Labyrinth benutzen und auch mit der Führkette über der Nase und mit der Gerte arbeiten. Wenn z. B. ein anderes Pferd in die Nähe kommt und Dein Pferd nervös wird und die Ohren anlegt, streiche das Pferd mit der Gerte ab, bis es sich beru-

higt. Es muß lernen, still zu stehen. Füttere es mit Hafer aus einer Schüssel. Dadurch verliert es die Unsicherheit und verbindet die Nähe eines anderen Pferdes mit etwas Angenehmen.

In solch einem Fall ist es sinnvoll, ein Körperband zu benutzen, damit Dein Pferd ein besseres Körpergefühl und ein sichereres Gespür für seine Hinterhand bekommt.

Es gibt verschiedene Möglichkeiten, mit dem Körperband zu arbeiten: Man benutzt dafür ein elastisches Band (z. B. zwei Bandagen) oder ein Seil (ca. 7 Meter lang aus dem Segel- oder Kletterbedarf). Das elastische Band knotet man zuerst mit einem Sicherheitsknoten um den Hals des Pferdes und knotet seitlich neben dem Widerrist daran ein zweites, das um die Hinterhand geführt wird.

Das Seil wird in einer Art Acht um den Körper des Pferdes gewunden und mit einem Sicherheitsknoten verbunden. Es

Das Reiten mit einem elastischen Körperband um die Hinterhand verbessert das Untertreten. Außerdem wirkt es bei Pferden, die scheuen, durchgehen oder ausschlagen, und es beruhigt nervöse Pferde.

soll hoch genug über den Sprunggelenken sitzen, so daß sich das Pferd nicht darin verfangen kann, falls es ausschlägt.

Man kann es auch am Sattel befestigen (siehe Foto Seite 53).

Mir fällt der Fall eines 15-jährigen russischen Hengstes ein, mit dem ich 1985 in Moskau arbeitete. Dieser Hengst war ein Grand-Prix-Dressurpferd, doch das Problem mit ihm war, daß er beim Reiten versuchte, nach anderen Pferden auszuschlagen oder sie anzugreifen. Er war da-

her nicht gerade angenehm im Umgang. Er war sehr empfindlich, wenn man seinen Schweif und die Hinterbeine putzte. Ich arbeitete vorsichtig zwei Behandlungen lang mit TTouches. Weil er dazu neigte, auszuschlagen, benutzte ich am Anfang die Gerte, um über die Hinterhand zu streichen. Nachdem ich sein Vertrauen gewonnen hatte, was nach den beiden TTouch Behandlungen der Fall war, arbeitete ich mit ihm im Labyrinth. In einem zweiten Labyrinth in der Nähe wurde ein Wallach gearbeitet. Jedesmal, wenn er sich aufregte, machte ich TTouches an seinem Hals, strich ihn mit der Gerte ab, ließ ihn ruhig stehen und gab ihm etwas zu fressen. Nach der 6. Behandlung konnten wir ihn über Cavaletti gehen lassen, während das andere Pferd von der anderen Seite über die Cavaletti an ihm vorbeigeführt wurde. Wir ließen ihn einfach weitergehen und lobten ihn. Nach den Behandlungen war das Pferd so verändert, daß der Reiter völlig erstaunt war. Er ging nun auch unter dem Sattel an anderen Pferden vorbei. Wenn ein 15-jähriger Hengst sich derart ändern kann, ist das mehr oder weniger bei jedem anderen Pferd genauso möglich.

Mein Pferd ist sehr ängstlich und geht an »Schrecknissen« nur vorbei, wenn ich vorausgehe. Es ist schön, daß es soviel Vertrauen zu mir hat, nur wird es dadurch nicht sehr unselbständig?

In solchen Situationen macht sich die Bodenarbeit sehr positiv bemerkbar. Um Dein Pferd so weit zu bekommen, daß es ohne Furcht vor »Tigern, die sich hinter Büschen verstecken«, überall hingeht, schlage ich vor, daß Du zu Hause einen Scheu-Parcours aufbaust. Durch das Arbeiten mit Plastikplanen verliert das Pferd seine Angst. Es lernt, über, zwischen und unter Plastikfolie zu gehen. Dabei soll es Dir nicht wie ein Hund folgen, sondern Vertrauen, Selbstbewußtsein und Selbstkontrolle gewinnen. Dein Pferd soll lernen, auf Deine Signale mit der Führkette und mit der Gerte zu reagieren und ruhig zu stehen, wenn Du es verlangst. Gib ihm gequetschten Hafer (keine Pellets), wenn es sich aufregt. Wenn ein Pferd ängstlich ist, wird das sympathische Nervensystem aktiv und sein Fluchtreflex geweckt. Beim Fressen oder Kauen wird das parasympathische Nervensystem aktiviert, und das Pferd beruhigt sich. Gib ihm das Futter, bis es gelernt hat, auf Deine Signale mit Führkette, Gerte und Stimme ruhig stehen zu bleiben.

Wichtig ist auch, daß das Pferd Dir nicht nur einfach folgt, sondern daß Du in der »Dingo«-Position an seinem Kopf stehst, so daß Dein Pferd dann vorwärts geht, wenn Du es anzeigst. Du streichst mit der Gerte über den Rücken, gibst auf der Kruppe durch Antippen ein Zeichen und forderst es gleichzeitig auch am Kopf zum Losgehen auf.

Wenn Dein Pferd scheut, halte es zunächst an. Es sollte gelernt haben, auf Deine Signale hin still zu stehen.

Wenn Dein Pferd vor etwas Angst hat, »scheuche« es nicht darauf zu. Viele Reiter stellen es mit dem Kopf voran davor und lassen es hinschauen. Das Problem dabei ist, daß das Pferd gespannt und bereit ist, davonzulaufen und zu fliehen. Es nützt nichts, das Pferd anzuschreien oder gar zu schlagen, es wird nur noch ängstlicher und verspannter. Wie würdest Du reagieren, wenn Du vor etwas Angst hast und jemand schlägt Dich? Würde er Deine Angst nicht noch tiefer treiben?

Ich finde es sinnvoller, wenn Du das Pferd seitlich zu dem Gegenstand hinstellst und es am Zügel stehend auf Dich hören läßt. Es soll den Kopf zum Sattel zurückwenden und bekommt etwas Hafer aus Deiner Hand. Dies ermutigt es, auf Dich zu achten.

Bei Pferden, die leicht scheuen, rate ich Dir, einen Balancezügel zu benutzen. Laß ihn um den Hals hängen, solange Du ihn nicht brauchst, und wenn sich Dein Pferd vor etwas erschreckt, nimm ihn auf. Habe jeweils 50% Balancezügel und 50% Kontakt mit dem anderen Zügel. Das

Pferd hat so den Kopf und Hals freier, fühlt sich sicherer und in der Lage zu fliehen, was es aber nicht tut, weil Du es mit dem Balancezügel stabilisierst.

Wenn es sich beruhigt hat und Du es dazu gebracht hast, ruhig seitlich zu dem Gegenstand zu stehen, kannst Du vom Sattel aus beginnen, Hals und Rücken mit der Gerte abzustreichen. Wenn Du dann vorwärts möchtest, tipp es auf der Kruppe an.

Wenn Du einen Araber reitest, der scheut, mußt Du daran denken, daß es in der Wüste für seinen Reiter lebenswichtig war, daß das Pferd alles wahrnahm. Vor vielen Jahrzehnten schrieb Lady Wentworth in einem Buch, daß ein Wüstenaraber, der nicht vor einem Schmetterling scheute, nicht wert sei, geritten zu werden. Ein Pferd mußte einen Fremden, einen Reiter oder ein anderes Pferd in der Ferne weit vor seinem Reiter wahrnehmen. Das heißt nicht, daß Eure Araber stets und ständig scheuen dürfen. Bringe ihm durch die TTeam-Arbeit bei, zu denken statt zu reagieren.

Mein Pferd klebt an seinen Stallgenossen, kann ich ihm das abgewöhnen?

Zunächst mußt Du Dir die Frage stellen, warum das Pferd an den Stallgenossen klebt. Die Antwort ist ziemlich einfach: Weil es dem Herdeninstinkt gehorcht und nicht genügend Selbstbewußtsein hat, wenn es allein ist. Auch hierbei sind der TTouch und die TTeam-Arbeit hilfreich: Durch die TTouches und die Bodenarbeit vertiefst Du Deine Beziehung zu Deinem Pferd. Für das Pferd wird es

dann genauso interessant, mit Dir zusammen zu sein wie mit seinen Stallgenossen. Wenn es ein neues Gefühl für seinen Körper bekommt, entwickelt es auch sein Selbstvertrauen. Denk daran, wenn Pferde aneinander kleben, handelt es sich um eine Urangst, die man überwinden kann.

Die »Maularbeit« kann eine große Hilfe sein. Pferde, die nicht so sicher sind, neigen dazu, Schweif und Rücken zu verspannen. Bei diesen Pferden arbeitest Du alle Stellen des Körpers, besonders aber entlang dem Rücken und der Hinterhand, und machst »Schweifarbeit« und »Beinkreisen«. So verbesserst Du das Selbstvertrauen und Selbstbild des Pferdes.

Meine Stute ist eifersüchtig, wenn ich mich um andere Pferde kümmere. Was kann ich tun?

Interessant an der Frage ist, daß Dein Pferd eifersüchtig ist. Viele Menschen glauben, Pferde hätten keine Gefühle. Wer jemals ein Pferd besessen hat, weiß, daß Pferde sehr wohl Gefühle haben.

Ich hatte vor Jahren einen ungarischen Wallach. Er war sehr angenehm im Umgang und wundervoll zu reiten, solange ich ihn vor den anderen Pferden ritt. Sobald er im Training an zweiter Stelle kam, wurde er so böse mit mir, daß er tatsächlich ernsthaft versuchte, mich an Bäumen abzusetzen oder mit mir unter Bäumen durchzurennen. Das Seltsame war, dieses Pferd war sehr gehorsam und einfach ideal, solange ich es bevorzugte. Ich kämpfte nicht mit ihm, was hätte das genutzt? Ein paarmal hatte ich es versucht – und dabei den kürzeren gezogen. So ritt ich es eben immer als erstes, und es war zufrieden. Das Pferd war erst mit sechs Jahren eingeritten worden. Es war auf einer riesigen Farm in Montana aufgewachsen und einfach nicht der Typ, der nachgibt.

Finde einen Weg, mit Deinem Pferd zurecht zu kommen, damit es Dich respektiert und Du seine Individualität akzeptierst. Respekt heißt nicht Angst, sondern bedeutet Rücksicht und Achtung.

Ich denke, viele Pferdeleute haben eine falsche Auffassung von diesem Begriff. Wenn man ein Pferd soweit bekommt, daß es einen »respektiert«, heißt das oft, daß es Angst hat. Es geht aber darum, die Individualität eines Pferdes zu akzeptieren und schätzen zu lernen und trotzdem Deine Grenzen klar aufzuzeigen. Ein Pferd, das Charakter und Stärke hat, ist ein Geschenk.

> Wenn mein Pferd manchmal allein im Stall bleiben muß, regt es sich schrecklich auf, wiehert und rennt panisch herum. Ich kann es dann fast nicht mehr anfassen, obwohl es sonst ganz lieb ist. Was kann ich tun?

Wenn ein Pferd Angst hat, allein gelassen zu werden, liegt es an mangelndem Selbstvertrauen, an geringer Selbstkontrolle. Für mich heißt das, dieses Pferd hat nicht gelernt, seine Instinkte zu überwinden, es hat nicht denken gelernt. Mit TTouch und TTeam-Übungen kannst Du einem Pferd beibringen, seine In-stinkte zu überwinden. Oft liegen diese Probleme auch darin begründet, daß das Absetzen von der Mutter ein traumatisches Erlebnis für das Pferd war.

Ich würde dieselben Übungen empfehlen, die ich schon bei dem Problem des Klebens genannt habe.

Die Frage ist, was man in dem konkreten Fall mit so einem Pferd tut, bis man mit den Übungen sein Selbstvertrauen gestärkt hat? Ich würde zusehen, daß solch ein Pferd einen anderen Freund findet, zum Beispiel eine Ziege. Ich kenne viele Rennbahnpferde, die eine Ziege oder ein Pony als Stallgefährten haben. Eventuell auch einen Esel. Bei Eseln mußt Du allerdings mit Würmern aufpassen, da kann es Probleme geben. Mit einem Gefährten stärkst Du das Selbstvertrauen Deines Pferdes. Mit Bodenarbeit und TTouch das Vertrauen eines so schwierigen Pferdes zu gewinnen, braucht seine Zeit.

Ich würde vorschlagen, arbeite gemeinsam mit dem befreundeten Pferd, um Dein Pferd darauf zu trainieren, irgendwann allein mit Dir zu sein. Statt daß Du das andere Pferd einfach wegholst und Dein Pferd in Panik geraten läßt, übe ein paarmal die Situation. Hole Dir einen Helfer, nimm das Pferd in die »Brieftauben«-Position, bei der auf jeder Seite des Pferdes eine Person führt. Einer hält das Führseil am Halfter und der andere die Führkette.

Arbeite Dein Pferd zusammen mit einem anderen durch verschiedene, nah beieinanderliegende Bodenhindernisse (z. B. Labyrinth, Stern, Mikado). Entferne die Bodenhindernisse Stück für Stück voneinander. Durch die Bodenarbeit lernt Dein Pferd, sich zu konzentrieren, kommt in Balance und bekommt mehr

Oben: Die »Brieftauben«-Position ist für alle Pferde hilfreich, besonders aber für nervöse, unaufmerksame und aggressive Tiere. Wenn ein Pferd von zwei Seiten geführt wird, werden beide Gehirnhälften aktiviert, und die Lernfähigkeit verbessert sich.

Unten: Du kannst die Sprungstangen auch wie in einem Mikado-Spiel auslegen: Durch die unterschiedlichen Abstände und Höhen lernt Dein Pferd, aufmerksam und vorsichtig seine Beine zu bewegen und zu setzen. Es bewirkt einen sicheren Tritt für Springpferde und für das Reiten im Gelände.

Bodenarbeit über dem Stern: Hier müssen sich die Pferde biegen und gleichzeitig ihre Beine heben, wodurch sie mehr Bewegung in den Schultern und im Rücken bekommen. Falls das Pferd am Anfang nervös ist, lege die Stangen weiter auseinander oder flach auf den Boden. Das befreundete Pferd ist dabei anfangs in der Nähe.

Selbstvertrauen. Wenn es nervös wird, gib ihm Hafer. Übe dies in mehreren Lektionen, bis Du das zweite Pferd, ohne daß sich Dein Pferd aufregt, wegführen kannst. In der »Brieftauben«-Position gibst Du Deinem Pferd dadurch, daß es von zwei Seiten geführt wird, mehr Unterstützung. Du kannst es besser unter Kontrolle halten.

Denke Dir selber Mittel und Wege aus, um dem Pferd zu helfen, seine Angst zu überwinden und sein Verhalten zu ändern. Deshalb macht es auch so viel Spaß, mit den TTeam-Methoden zu arbeiten.

Du kannst Dich selber fragen, »O.K., was kann ich jetzt tun, um meinem Pferd die Angst zu nehmen?«

Nach einer gewissen Zeit, wenn Du ein paarmal geübt hast, binde Dein Pferd sicher in der Box an und gib ihm etwas zu fressen, bevor Du das andere Pferd wegnimmst.

Wenn das Pferd nervös wird, binde das Pferd in der »Den Tiger zähmen«-Position an, bis es sich beruhigt hat. Wiederhole diese Übung mehrere Male, streiche es mit der Gerte ab, gib ihm etwas Futter und sprich ruhig mit ihm.

Nach ein paar Malen tue das Futter in die Krippe, bevor Du das andere Pferd wegnimmst. Es fängt an zu fressen und zu kauen, und die Angst nimmt ab. Du mußt viel Geduld haben und dem Pferd Zeit geben, sich an das Alleinsein zu gewöhnen. Jeder, der je so ein Pferd gehabt hat, weiß, daß es keine einfache Sache ist, dieses Problem zu lösen.

Mein Pferd ist den ganzen Tag mit anderen Pferden auf der Weide zusammen. Wenn ich zum Reiten komme, rennt es zwar nicht vor mir weg, ist aber auch nicht gerade begeistert. Was kann ich tun, damit es sich mehr für mich interessiert?

Es hängt ein bißchen davon ab, wie alt das Pferd ist und welche Erfahrungen es früher gemacht hat. Wenn Du mit einem Pferd zu tun hast, das wenig Erfahrungen mit Menschen gemacht hat oder nur wie ein Fahrrad benutzt wurde und nie eine Beziehung zu jemandem aufgebaut hat, dann ist das eine echte Herausforderung, dieses Pferd zu ändern. Grundsätzlich würde ich sagen: Schaffe durch die TTouches eine bessere Beziehung zu Deinem Pferd. Beginne mit »Ohrenarbeit«, sanften TTouches um die Augen, am Hals, so, wie es Dein Pferd mag – das ist etwas, was ein anderes Pferd nicht mit ihm machen kann. Oft werden Pferde in einer Weise angefaßt oder geputzt, die ihnen überhaupt nicht angenehm ist, weil es zu hektisch zugeht oder mit zuviel Druck geputzt wird. Sie werden gesattelt, müssen von ihren Freunden weg und manchmal ziemlich langweilige Dinge tun.

Wenn Du Dein Pferd die ersten Male aus der Herde nimmst, könntest Du ihm jedesmal ein bißchen Futter geben. Es könnte eine Weile dauern, bis es die TTouches als angenehm empfindet. Ich habe manchmal Pferde mehrere Behandlungen lang gearbeitet, bevor sie anfingen, es zu genießen. Wenn Du und Dein Pferd Erfahrung mit den TTouches habt, wird es dabei sogar aufhören zu fressen, um sie zu genießen. Ich würde auch vorschlagen, ab und zu mit einem Halsring zu reiten. Pferde lieben es, und es ist eine völlig andere Art, mit Dir als Partner zu arbeiten. Reite Aufgaben, bei denen das Pferd gerne mitmacht und mitdenken kann.

Mein Wallach ist ein dominantes Tier, er ist in der Herde der Boß und probiert auch bei mir immer wieder, seinen Kopf durchzusetzen. Meist bin ich in der Lage, Ruhe zu bewahren und ihn dorthin zu bewegen, wohin ich will. Ein- oder zweimal habe ich das aber nicht geschafft und aufgegeben. Kommt es daher, daß er immer wieder versucht, mich zu dominieren? Kann ich damit rechnen, daß er mich irgendwann ohne dieses Austesten der Grenzen akzeptiert?

Wenn ein Pferd auch nur ein- oder zweimal gemerkt hat, daß es mit dem, was es will, durchkommt, versucht es das meist immer wieder. In solchen Fällen empfehle ich, ein Trainingsgebiß zu benutzen. Du kannst ein Pferd mit diesem Gebiß viel besser kontrollieren als mit dem normalen Trensengebiß. Beim Trensengebiß ist die Schwierigkeit, daß Du mehr Kraft aufwenden mußt, wenn ein Pferd quengelt oder sich sträubt. Pferde wie das oben beschriebene mögen es manchmal, richtig zu kämpfen. Es wird dann erst recht interessant für sie. Ich empfehle, wenn möglich, einen Kampf zu vermeiden, denn normalerweise verliert der Reiter.

Wenn jedoch ein Pferd beschließt, es will in die eine Richtung gehen, und Du entscheidest Dich für die andere, brauchst Du beim Trainingsgebiß nur den unteren Zügel aufzunehmen und seinen Kopf zu der Seite zu wenden, in die Du möchtest.

Wenn Dein Pferd »nein« sagt, mußt Du eine Möglichkeit finden, Dich durchzusetzen.

Du mußt aber sicher sein, daß Dein Pferd nicht aus Angst so reagiert. Es muß außerdem sicher sein, daß weder Du noch Dein Pferd verletzt wird.

Ein wichtiger Punkt ist, daß man nicht ärgerlich wird. Wenn Du wütend wirst, weiß Dein Pferd, daß es Dich herumbekommt. Du mußt entschlossen sein, nicht wütend.

Es gibt noch ein anderes Element bei einem dominanten Pferd, das der Boß einer Herde ist: Wenn Du glaubst, es nur mit Schlägen dazu bringen zu können, zu tun, was Du willst, ist das sicher nicht die richtige Methode. Es wird dich immer weiter austesten. Wenn Du grundsätzlich seine Meinung über Dich ändern und erreichen willst, daß es an Dir Interesse hat, mußt Du zunächst einmal ganz eindeutig in Deinem Verhalten sein, damit es Dich respektiert. Dann kannst Du anfangen, es mit TTouches zu einer Partnerschaft zu bringen.

Eines der interessantesten Tiere, die ich in den vielen Jahren geritten habe, war ein Morgan-Horse in der Schweiz. Der Wallach war im Westernreiten ausgebildet und sehr hart geritten worden, ehe er zu seiner Besitzerin kam. Er war sehr gehorsam, solange man ihn unter Kontrolle hatte, doch sobald man nicht aufpaßte, nützte er das weidlich aus. Dieses Pferd war das einzige, bei dem ich das Reiten mit dem Halsring ausschloß: »Ich glaube nicht, daß das Pferd schon soweit ist, daß man das Zaumzeug abnehmen kann.«

Ich tat es auch nicht, und etwa ein Jahr später traf ich die Besitzerin auf einem 1-wöchigen Kurs wieder. Sie hatte mit den TTouches und der Bodenarbeit weitergemacht, und das Pferd hatte sich völlig verändert und ging wundervoll mit dem Halsring. Und da liegt das Geheimnis: Statt mit Hilfe von Schlägen zu dominieren, muß man das Pferd über dieses Stadium hinausbringen und es mit Hilfe der TTouches zu seinem Partner machen.

> **Mein Wallach knabbert und gnabbelt bei der Bodenarbeit häufig an meinem Arm herum, wahrscheinlich weil er anfangs Leckerli zur Belohnung bekommen hat, wenn er eine Übung gut gemacht hat. Wie gewöhne ich ihm das wieder ab? Ist es überhaupt sinnvoll, Leckerlis zur Belohnung zu geben?**

Ich bin sehr vorsichtig mit Futter als Belohnung. Ich verwende es bei ängstlichen oder nervösen Pferden, um sie zu beruhigen. Wenn aber einfach nur eine gut gemachte Lektion belohnt werden soll, finde ich es viel wirkungsvoller, das Pferd durch Kraulen, durch die Stimme, das Abstreichen mit der Gerte oder mit zwei oder drei »Wolken Leopard TTouches« am Hals zu loben. Denk daran: Fressen ist ein Instinkt, und wir möchten, daß das Pferd mitmacht und mitdenkt.

Nur wenn man Übungen macht, die sich immer wieder wiederholen, wie zum

Beispiel Zirkuslektionen, dann erhalten die Pferde Futter als Belohnung und zur Motivation.

Wenn Du Pferden etwas gibst, ist es wichtig, daß Du auf sie zugehst. Sie dürfen nicht in Deinen Taschen herumsuchen oder wegen des Futters zu Dir kommen. Viele finden es lustig, wenn Pferde die Taschen nach Futter durchsuchen, aber das kann zum Problem werden.

Wenn ich Pferden wegen ihrer Angst etwas Hafer gebe, dann normalerweise in einer kleinen flachen Schüssel, damit sie ihn nicht aus der Hand fressen. Es sei denn, es handelt sich um ein sehr gut erzogenes Pferd oder beim Reiten.

Die Frage ist, was kannst Du mit Deinem Pferd machen, wenn es bereits diese Angewohnheit hat?

Ich würde zunächst vorschlagen, mit einem Helfer ein paar Bodenarbeits-Übungen zu machen, wobei sich das Pferd zwischen zwei Menschen in der »Brieftauben«-Position befindet. Dadurch wird die schlechte Angewohnheit, Dich zu berühren und zu belecken und zu nah an Dich heranzukommen, durchbrochen. Du solltest aufpassen, daß Du die Gerte ruhig zwischen Dir und dem Pferd bewegst, so daß das Pferd mindestens 75 cm von Dir entfernt bleibt. Du benutzt die Gerte in diesem Fall, um ihm zu zeigen, wo die Grenzen sind, wenn es versucht, den Abstand zu den Personen auf beiden Seiten nicht einzuhalten.

Mein Pferd geht nicht in den Hänger. Was kann ich tun?

Eigentlich ist es kein Wunder, daß Pferde nicht gern in einen Hänger gehen, denn meistens haben sie es nicht gelernt, sondern werden dazu gezwungen.

Stell Dir die Situation vor: Die Pferde stehen auf eigenartig hohl klingendem Boden und sollen in einen engen, dämmrigen Raum gehen. Oft haben sie Platzangst. Sie müssen unter ein niedriges Dach und sind beunruhigt, was über ihrem Kopf ist.

Bei der TTeam-Arbeit zeigen wir ihnen, bevor sie überhaupt in den Hänger gehen, wie sie die Angst vor diesen drei verschiedenen Schwierigkeiten verlieren. Man läßt sie zunächst über ein 1,5 m x 2,5 m großes Brett von 2,5 cm Dicke laufen, das flach auf dem Boden liegt. Wenn sie dies tun, hebst Du das Brett durch Unterlegen von anderen Brettern vom Boden ab und läßt sie darüber gehen.

Wenn sie Angst haben, wollen sie gar nicht nah an das Brett heran. Man fängt also mit dem Heranführen an das Brett an und streut ein bißchen Hafer darauf aus.

Die sicherste und klarste Methode ist, den Kopf des Pferdes mit der Führkette zu kontrollieren, mit der Gerte über den Rücken zu streichen und dann an der

Linda Tellington-Jones beim Freizeitreiter-Festival im Testzentrum Reken: Sie reitet ein Pferd mit Trainingsgebiß und Körperseil, das am Sattel befestigt und rund um die Hinterhand geführt wird. Das Pferd bekommt ein besseres Bewußtsein für seine Hinterhand, und seine Tritte werden schwungvoller.

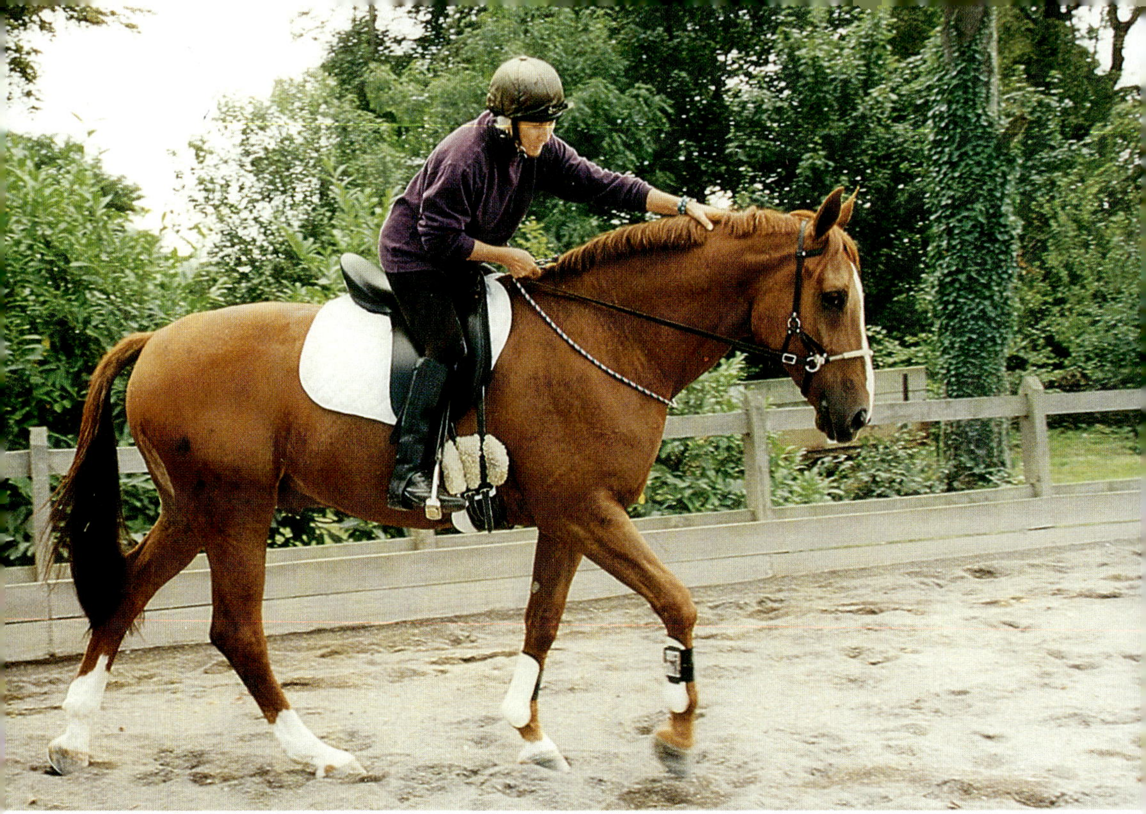

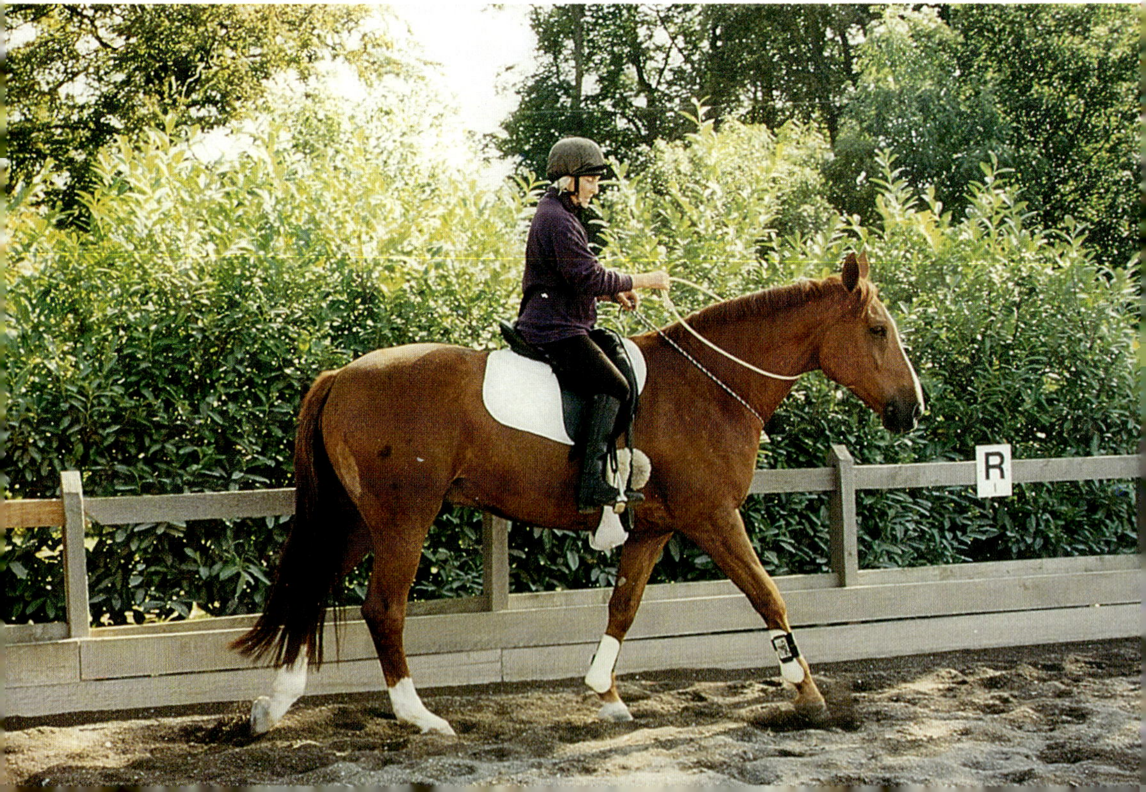
R

Kruppe anzutippen, damit es auf dieses Zeichen vorangeht. Wenn ein Pferd dazu neigt, wieder zurückzutreten, dann befestige die Kette an der Seite, so daß sie nicht über die Nase geht. Du kannst dadurch ein deutliches Vorwärtssignal geben, ohne daß das Pferd veranlaßt wird, dagegen zu ziehen.

Wenn das Pferd gelernt hat, über das Brett zu gehen, übe mit ihm, unter Plastik durchzugehen. Erst mit ganz schmalen Bahnen und dann mit breiteren.

Links oben: Reiten mit Lindel und Balancezügel: Die Hand am Mähnenkamm soll das Pferd veranlassen, den Kopf tiefer zu bringen und den Hals zu strecken.
Unten: Reiten mit Halsring und Balancezügel: Zum Durchparieren wird der Halsring höher am Hals gehalten. Bei diesem Pferd hat Linda den Balancezügel zu etwa 25% und den Halsring zu etwa 75% angenommen.

Oben: Mit dem Pferd über ein Brett zu gehen, bereitet Dein Pferd auf das Hängerfahren, Verladen und das Reiten über Brücken vor. Es bringt nervösen Pferden mehr Selbstsicherheit und Vertrauen.

Du kannst das Plastik auch aufhängen, falls Du keine Helfer hast. Du kannst dies natürlich auch als Anlaß für ein kleines Fest nehmen, Freunde einladen und daraus ein Vergnügen machen.

Dann werden die Plastikfolien seitlich gehalten, und Du gehst mit dem Pferd zwischendurch. Am Schluß nimmst Du alles zusammen, Brett, Plastikfolie oben und an den Seiten. Du solltest immer darauf achten, daß das Pferd bewußt und Schritt für Schritt, auf Deine Signale achtend, durchgeht.

Sagen wir mal, Du hast ein Pferd, das all das am Boden macht, und vor dem Hänger stehend sagt: »Hier gehe ich

Das Führen über ein Brett und zwischen zwei Begrenzungen hindurch ist ein gutes Training für das Verladen.

Mein Pferd geht nicht durch Wasser und auch nicht durch Wasserpfützen. Was kann ich tun?

nicht hinein, hier habe ich schon schlechte Erfahrungen gemacht.« Was machst Du dann? Ich lege dann Hafer auf die Schutzbleche der Reifen und auf der Rampe aus und führe das Pferd dorthin, damit es sich beruhigt. Dann lege ich das Brett vor die Rampe des Hängers. Da das Pferd das Brett schon kennt, wird es leichter sein, das Pferd in den Hänger gehen zu lassen. Diese Vorübungen, ohne Zeitdruck und mit viel Geduld geübt, verbessern das Vertrauen des Pferdes, so daß es schließlich ohne Panik in den Hänger gehen wird.

Hier helfen die Übungen der Bodenarbeit. Ich würde vorschlagen, dem Pferd beizubringen, auf Dein Signal hin in der »Dingo«-Position vorwärts zu gehen und anzuhalten. Zum Vorwärtsgehen hältst Du die Führkette ganz dicht am Pferdekopf, streichst deutlich mit der Gerte über den Rücken des Pferdes, gibst dann ein Signal an der Kette zum Vorwärtsgehen und tippst fast gleichzeitig mit der Gerte auf die Kruppe. Zum Anhalten gibst Du wieder ein Signal an der Kette und tippst mit der Gerte auf die Brust. Mit der »Dingo«-Position kann man einem Pferd nicht

nur das Anhalten und Vorwärtsgehen beibringen, sondern auch ein Pferd vom Boden aus versammeln. Wenn es das Antreten und Anhalten verstanden hat, fang
mit den Plastikfolien an. Man benutzt
zwei Folien, die im weiten Abstand in
einer V-Form auf dem Boden liegen. Man
führt das Pferd heran. Durch Antippen
mit der Gerte fordert man es auf, vorwärts zu gehen. Es soll den Kopf senken
und sich das Plastik anschauen. Lege dem
Pferd Hafer auf die Enden des Plastiks,
damit es die Angst davor verliert.

Dann läßt Du es zwischen den Folien
hindurchlaufen. Halte Dein Pferd auch
zwischen den Folien an. Wenn das Pferd
ohne Probleme hindurchgeht, schiebt
man die Folien Schritt für Schritt dichter
zusammen, bis sie ganz dicht zusammen
liegen und das Pferd die Folien ganz
überschreiten muß.

**Um das Pferd zum Vorwärtstreten zu veranlas-
sen, benutze die »Dingo«-Position.**

Anschließend machst Du dieselben
Übungen mit Wasser auf einer der Folien.
Du schaffst eine kleine Vertiefung, in der
sich das Wasser hält. Am Ende geht das
Pferd durch das Wasser auf der Folie.

In der gleichen Weise reitest Du anschließend das Pferd, erst zwischen und
später über die Folie, dann durch das
Wasser. Oft gelingt es innerhalb von zwei
Lektionen, ein Pferd, das sich weigert,
durch Wasserpfützen zu gehen, zu korri-
gieren, da sich bei dieser Arbeit ein part-
nerschaftliches Verhältnis zwischen Reiter
und Pferd aufbaut und das Pferd mehr
Selbstvertrauen bekommt.

①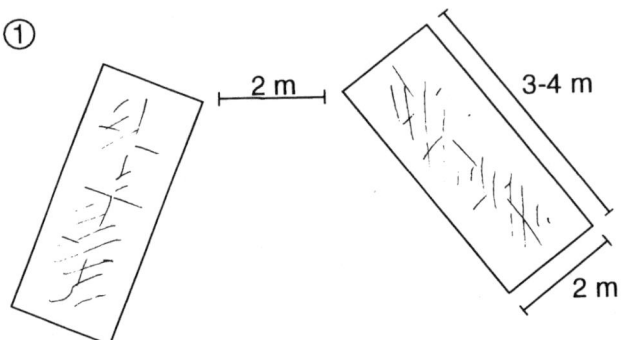

2 m

3-4 m

2 m

②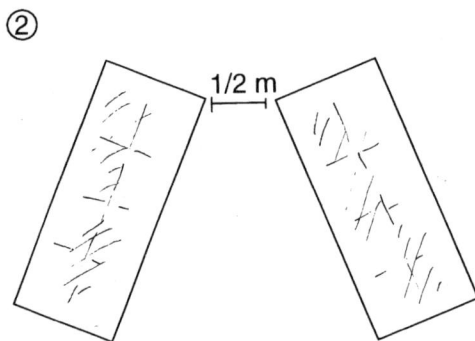

1/2 m

Durch Bodenarbeit mit zwei Plastikfolien und etwas Wasser kannst Du Deinem Pferd beibringen, durch Wasser oder Pfützen hindurchzugehen: Zuerst legst Du die Folien mit großem Abstand aus und führst Dein Pferd zwischen den Folien hindurch ①. Dann legst Du die Folien nach und nach dichter zusammen (② + ③), so daß es am Ende über die Folie gehen muß. Klappt dies ohne Probleme, wiederholst Du die ganze Übung, bis Dein Pferd ohne Zögern über das Plastik mit dem Wasser tritt ④. Wenn Dein Pferd bei dieser Übung anfangs ängstlich ist, gib ihm etwas Hafer auf dem Plastik zu fressen.

③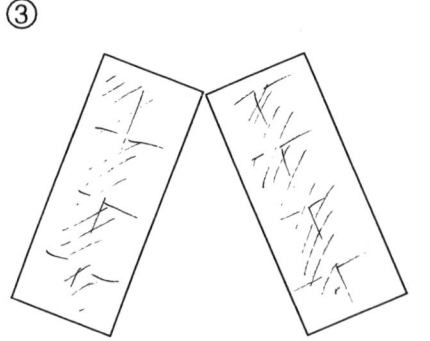

④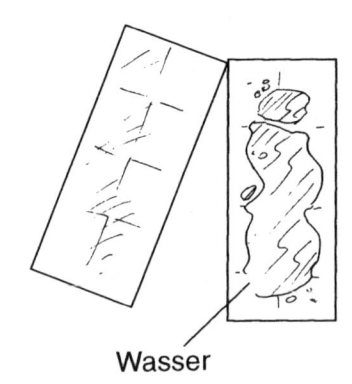

Wasser

Stute, Fohlen, Jungpferde

Ja!! Wir haben wirklich wunderbare Erfahrungen mit tragenden Stuten und Geburten gemacht. Du solltest Deine Stute,
wenn sie noch kein Fohlen vorher hatte,
auf das Säugen vorbereiten. Manchmal
sind junge Stuten nämlich sehr aufgeregt
und kitzlig, wenn das Fohlen das erste
Mal an ihnen herumzuschnuppern beginnt. Dazu machst Du die TTouches vor
der Geburt rund um das Euter. Du
kannst dazu ein warmes Tuch verwenden, denn Du solltest das Euter ohnehin
säubern. Es sollten »Waschbär TTouches« im Bereich des Euters und »Liegende Leopard TTouches« an der Ober-
schenkelinnenseite und der gesamten
Bauchgegend gemacht werden. Wenn
Deine Stute dabei ausschlägt, lass jemanden einen Vorderhuf aufheben, damit Du
das Euter sicher berühren kannst. Fang
mit den »Wolken Leopard TTouches« an
den Flanken an und gehe weiter bis zum
Euter. Das ist der erste Schritt zur Vorbereitung.

Während der Trächtigkeit ist es für
Stuten hilfreich, das »Bauchheben« zu
machen. Du kannst es mit einem Helfer
oder auch allein mit einem großen Hand-
tuch tun. Fang direkt hinter den Ellbogen an und arbeite den ganzen Bauch
entlang bis zu den Flanken. Das hilft, die
Anspannung in diesem Bereich zu lösen.

Bei allen Stuten sind die »Python
TTouches« an den Beinen hilfreich, wenn
die Tiere zunehmend schwerer werden.

Du kannst auch im Bereich der Kruppe
die mit stärkerem Druck ausgeführten
»Wolken Leopard TTouches« machen.

Bei einer schweren oder langen Geburt kannst Du vor allem die »Ohrenarbeit« machen. Auch bei dem Fohlen,
wenn es nicht so aktiv ist, wie es eigentlich sein sollte.

Vor einigen Jahren erlebte ich etwas
Interessantes: Eine Araber-Züchterin, die
seit Jahren den TTouch anwandte, hatte
eine Stute, die schon seit vier Wochen ab-
fohlen sollte. Sie war sicher, daß ein paar
Tage zuvor das Fruchtwasser abgegangen
war und der Geburtsvorgang hätte beginnen sollen, was aber nicht eintrat. Der
Tierarzt sagte: »Nein, die Stute ist in
Ordnung, es ist kein Beginn der Geburt
festzustellen.« Drei Tage nach dem Be-
such des Tierarztes wurde meine Freundin nun wirklich nervös, ging zu der Stute und machte anderthalb Stunden
TTouches an ihrem ganzen Körper:
»Wolken Leopard TTouches« und
»Bauchheben«. Kurz darauf begann die
Stute zu fohlen. Meine Freundin hatte

schon viele Geburten erlebt, und sie war sicher, ohne die TTouches hätte sie große Probleme mit der Stute bekommen.

Es ist auch sehr schön, daß man mit dem Fohlen bereits vor der Geburt Kontakt aufnehmen kann, und zwar mit TTouches in der gesamten Bauchgegend. Stelle Dir dabei vor, daß Du eine Verbindung zu dem Fohlen herstellst. Ich habe eine andere Freundin, die die TTouches nun schon bei mehreren Stuten angewendet hat, und sie ist der Meinung, daß die Fohlen von Geburt an eine völlig andere Beziehung zu ihr haben als die, bei denen sie sie vorher nicht gemacht hat. Es ist, als ob sie auf die Welt kommen, aufstehen, sie anschauen und sagen: »Ach, so schaust Du also aus!« Sie lernen auch schneller als andere Fohlen.

es die Berührung genießt und Vertrauen bekommt.

Achte darauf, daß Du nicht zu lange arbeitest und Dein Fohlen überforderst.

Ich lasse die Fohlen außerdem nicht an mir lecken oder kauen und versuche zu erreichen, daß sie ihr Maul von Anfang an ruhig halten. Es ist eine große Versuchung, die süßen Fohlen an sich herumnuckeln zu lassen. Wenn sie es sich erst einmal angewöhnt haben, dann mußt Du einen Weg finden, um es ihnen wieder abzugewöhnen. Ich finde, es ist auch sehr wichtig, daß Fohlen wissen, daß sie Pferde sind und Du ein Mensch. Sie sollten Dich nicht als ein anderes Pferd sehen. Wenn Du an ihnen die TTouches machst, sollten sie ruhig stehen, Abstand halten und nicht mit Dir spielen.

Können schon Fohlen mit TTouch behandelt werden?

Es ist sinnvoll, Fohlen sehr früh mit den TTouches zu behandeln. Wenn das Fohlen auf die Welt gekommen ist, sorge ich erst einmal dafür, daß der Nabel desinfiziert wird, dann soll die Stute das Fohlen ablecken, und ich gebe den beiden Zeit, damit sie sich kennenlernen und die Stute das Fohlen saugen lassen kann.

Vor vielen Jahren besaß ich 90 Vollblutstuten und 30 Araberstuten. Bei den Vollblutfohlen habe ich sofort mit TTouch begonnen, denn bei ihnen konnte ich einen Unterschied im Vertrauen zu denen feststellen, die ich nicht behandelte. Gleich nach dem ersten Säugen wurden die Fohlen am ganzen Körper ruhig und ohne Hektik sanft berührt. Ich arbeite am ganzen Körper des Fohlens so, daß

Kann ich auch schon ein Fohlen mit Führkette führen?

Ich würde ein Fohlen nicht mit einer Führkette führen. Wir benutzen statt dessen ein weiches Seil (1 cm Durchmesser) über die Nase, oder wir befestigen das Seil am seitlichen Halfterring. Das Fohlen bleibt so besser in der Balance, und es lernt mitzumachen.

Wenn Du mit einem jungen Pferd arbeitest, das ruhig vorangeht, auf Dich hört, nicht zieht, Dich nicht umrennt, sondern Abstand hält, dann brauchst Du keine Kette zu verwenden. Nur wenn ein Pferd zu ziehen anfängt, nicht auf Dich hört, oder wenn Du es auf das Reiten vorbereiten möchtest, so daß es auf das kleinste Zeichen Deiner Hand reagiert, dann kannst Du eine Führkette so lange verwenden, bis es aufmerksam geworden ist.

Ab welchem Alter kann ich mit der Bodenarbeit beginnen?

Es ist nicht notwendig, mit der Bodenarbeit anzufangen, bevor die Fohlen abgesetzt sind. Wenn Du aber schon früher beginnst, werden sie mehr Bewußtsein für ihren Körper entwickeln. Du kannst ihr Gleichgewichtsgefühl, ihre Lernfähigkeit und ihre Koordinationsfähigkeit verbessern.

Wenn Du die Bodenarbeit einmal im Monat machst, kann das schon genügen. Ich finde, weniger bringt oft mehr. Wenn Du es übertreibst, wird es den Fohlen langweilig, und sie werden müde, überfordert oder widersetzlich. Die Bodenarbeit soll interessant und neu für sie bleiben.

Ausbildung

Welche Hilfsmittel brauche ich unbedingt für die Bodenarbeit?

Zuallererst brauchst Du eine Führkette (das Kettenteil 78 cm und das Führband 2 m lang) und eine Gerte (1,3 m lang, steif, weiß). Es ist wichtig, daß die Gerte steif ist, denn das Pferd spürt damit die Berührung klarer.

Außerdem ein gut sitzendes Halfter mit runden Ringen, so daß die Kette nicht hängen bleiben kann. Denk daran, daß wir Halfter und Führkette benutzen, um dem Pferd beizubringen, bei einem feinen Signal, einem ganz leichten Kontakt, anzuhalten oder zu wenden.

Idealerweise außerdem zehn 3 m, besser 4 m lange Stangen. Wenn Du keine Stangen hast, kannst Du auch Plastikrohre benutzen. Weiter brauchst Du einen Kasten oder einen Strohballen, auf den Du die Stangen sternförmig auflegen kannst.

Und zwei Plastikfolien, 1 m x 3 m bis 3,5 m groß. Es sollten feste, durchsichtige Planen sein.

Wenn Du das Verladen übst oder ein

Die Grundausstattung für die Bodenarbeit: ein passendes Halfter mit runden Ringen, eine Führkette, eine steife Gerte, sechs Sprungstangen, mehrere Plastikfolien und ein Strohballen.

Pferd hast, das im Gelände über Brücken gehen soll, dann sind ein großes Brett (1,5 m x 2,5 m, 4 cm Dicke) oder zwei breitere Planken hilfreich.

Wie mache ich mein Pferd scheufrei?

Bevor Du überhaupt ein junges Pferd reitest, lohnt es sich in jedem Fall, ihm beizubringen, daß es keine Angst vor etwas zu haben braucht, das höher als es selbst ist. Du kannst Dich dazu auf Strohballen oder irgend etwas anderes stellen, damit die Pferde sich daran gewöhnen, daß Du über sie hinausreichst. Ich habe viele junge Pferde erlebt, die aufgeregt waren oder in Panik gerieten, als der Reiter zum ersten Mal aufstieg, weil er plötzlich über sie hinausragte.

Ein Pferd, das in Hallen vorgeführt werden soll, solltest Du darauf vorbereiten, daß sich Menschen auf der Tribüne bewegen. Ich bringe ihnen bei, ruhig unter Plastik durchzugehen. Wenn das anfangs zu schwierig ist, kannst Du auch mit zwei Gerten üben, die von zwei Hel-

Das Führen unter einer Plastikfolie hindurch ist eine sehr nützliche Übung. Es bereitet das noch nicht eingerittene Pferd darauf vor, daß es Dinge über seinem Körper und Kopf akzeptiert. Es ist außerdem ein gutes Training für das Hängerfahren. Die Pferde gewöhnen sich an Bewegungen über sich, wie z. B. Zuschauer auf Tribünen.

fern zu einer Art »Dach« gehalten werden. Die Pferde sollen aber nicht einfach unter dem Plastik oder den Gerten durchrennen und dabei die Luft anhalten. Mach zwischendrin Halt und gib ihnen etwas Hafer. Sie lernen, daß sie keine Angst zu haben brauchen, wenn sich etwas hinter, neben oder über ihnen bewegt. Daher ist es sinnvoll, sie unter der Plastikfolie anzuhalten, den Kopf wenden zu lassen und ihnen dabei die Haferschüssel von hinten anzubieten. Die Pferde sollen von hinten etwas Gutes erwarten, nicht etwas Gefährliches, was ihnen Angst macht.

Was hältst Du davon, ein Pferd zu longieren?

Traditionellerweise wird das Pferd durch das Longieren ans Gebiß gewöhnt und ins Gleichgewicht gebracht. Longiert wird auch, um durch Bewegung überschüssige Energie abzubauen, den Pferden Gehorsam beizubringen, ihnen mit Stimme und Körpersignalen die Zeichen für Schritt, Trab und Galopp beizubringen.

Allerdings habe ich viele Pferde erlebt, die nicht verstanden, was von ihnen beim Longieren verlangt wurde. An der Longe werden sie im Kreis gedreht, und häufig neigen sie dazu, zu schnell zu gehen. Sie gehen nicht, wie gewünscht, im Schritt oder Trab, oder sie parieren nicht vom Galopp zum Trab durch. In diesen Fällen kann dem Pferd tatsächlich Schaden zugefügt werden. Ich habe Pferde so lange an der Longe herumrennen sehen, bis sie stürzten, weil sie nicht angehalten werden konnten.

Die Frage muß also lauten: Wie bereitest Du Pferde auf die Arbeit an der Longe vor, damit sie Deine Signale verstehen lernen?

Wir bereiten die Pferde dazu an einer kurzen Leine oder einem leichten, etwa zwei Meter langen Seil und mit der 1,3 m langen Gerte zum Longieren vor. Diese Übung nennen wir »Delphine schnellen durch die Wellen«. Am Anfang soll das Pferd in einem Abstand von anderthalb Metern neben uns gehen, so daß es erst einmal lernt, in gerader Richtung zu gehen. Es lernt anzuhalten, wenn die Gerte nach vorne bewegt wird, und vorwärtszugehen, wenn Du auf Rücken und Kruppe tippst. Es sollte erst antreten, wenn Du Dein Signal gegeben hast. Das Pferd lernt so ganz klare Zeichen für das Anhalten und Vorwärtsgehen.

Anstelle eines runden Zirkels, wie er normalerweise beim Longieren angelegt wird, bewege ich die Pferde lieber auf einem länglichen Oval. Das heißt, sie gehen ein Stück geradeaus und Du gehst mit ihnen, dann kommt ein Halbkreis und dann wieder eine gerade Linie. Auf diese Weise bleiben sie viel besser im Gleichgewicht und laufen nicht einfach nur im Kreis herum. Auch Du bleibst dabei in Bewegung, und Dir wird nicht so schnell schwindelig.

Wenn es also darum geht, dem Pferd Kommandos und Gehorsam beizubringen, arbeite mit ihm auf dem Oval. Man kann auch sehr gut Cavaletti mit dazunehmen. So hat das Pferd etwas zu denken, streckt dabei seinen Rücken und wird gymnastiziert.

Wenn Du vor dem Reiten ein Pferd ablongieren willst, weil es zuviel Energie hat, dann kann das Longieren oder das freie Longieren sinnvoll sein. Das Problem hierbei aber ist, daß das Pferd mehr Kondition bekommt. Das Pferd lernt mehr, wenn Du es durch das Labyrinth führst.

Man bringt dem Pferd das freie Longieren durch Körpersprache bei: Es ist ein bißchen wie im Zirkus und geht wirklich einfach, wenn Du in Deinem Kopf ein ganz klares Bild davon hast, was Du erreichen willst und deutliche Zeichen und Körpersprache verwendest. Ich benutze dafür zwei Gerten. Wenn Du das Pferd anhalten willst, bewegst Du beide Gerten nach vorne, schlägst sie aufeinander. Du versperrst dem Pferd sozusagen den Weg.

Wenn Du möchtest, daß das Pferd nach links geht, hältst Du die Gerte in der linken Hand tiefer, und der Arm zeigt nach vorne links. Mit dem anderen Arm zeigst Du nach rechts und hältst den Arm höher. Du lädst das Pferd sozusagen ein, in die linke Richtung zu gehen und umgekehrt auch in die andere.

Ich habe im Laufe der Jahre festgestellt, daß ein Pferd durch die Arbeit über Stangen und im Labyrinth schneller ruhig wird, als wenn Du es longierst. Ein Pferd, mit dem ich vor vielen Jahren gearbeitet habe, ist hierfür ein gutes Beispiel: Das Pferd hatte sich einige Zeit zuvor verletzt und mußte vier Monate stehen. Es ging im wahrsten Sinne des Wortes die Wände hoch und bäumte sich an den Gittern auf. Seine Besitzer wußten nicht, wie sie das Pferd sicher bewegen sollten, weil es sich so schwer führen ließ. Sie konnten es auch nicht longieren, aus Angst, es würde sich dabei erneut verletzen. Man konnte es schon gar nicht frei laufen lassen. Ich holte das Pferd mit Führkette und Gerte heraus, und zwar unmittelbar aus dem Stall in ein Labyrinth, das wir so nah wie möglich herangelegt hatten. Es wollte anfangen zu steigen, doch sobald es in dem Labyrinth war, wurde es ruhiger und konzentrierte sich. Nachdem ich es zehn Minuten im Labyrinth habe anhalten und wenden lassen, war das Pferd gelassen und an dem interessiert, was wir taten.

Mein Pferd läßt sich nur auf einer Seite gut biegen, auf der anderen verspannt es sich völlig. Woran liegt das?

Den Grund dafür zu kennen, ist vielleicht nicht so wichtig als vielmehr, was man dagegen tun kann. Allerdings können die Gründe auch von Bedeutung sein. Häufig sind Pferde rechts steifer, besonders im Labyrinth gut zu erkennen, wenn es nicht gern rechts herum gehen will. Eine Erklärung ist die, daß wir die Pferde immer von links führen, daher ist es für sie schwieriger, nach rechts zu gehen. Häufig spiegeln sich im Pferd auch Schwierigkeiten des Reiters wider, der auf einer Seite steifer sein kann als auf der anderen.

Aber die Frage bleibt, was man tun kann. TTouches sind hilfreich, aber auch die Bodenarbeit. Ein gutes Mittel ist, den Rücken zu lockern und beweglicher zu machen. Zum Beispiel mit dem »Wolken Leopard TTouch« in Kombination mit »Python Lift« am ganzen Rücken und an den Rippen entlang. Vorher sollte es den Kopf senken. Wenn das Pferd nicht mehr empfindlich auf Deine Arbeit am Hals reagiert und es als wohltuend empfindet, kannst Du mit tiefen »Bär TTouches« beginnen.

Eine andere Möglichkeit, um Steifheit und Verspannungen im Hals zu lösen: Du hältst das Halfter mit der linken Hand und drückst mit der rechten flachen Hand gegen den Hals. Dabei ziehst Du gleichzeitig den Kopf des Pferdes mit dem Halfter ein bißchen in Deine Richtung und drückst mit der anderen Hand gegen den Hals. So gehst Du am Hals entlang, um die Verspannung zu lösen.

Auch das »Rippenlösen« entspannt. Bei der Behinderten-Olympiade in Atlanta erlebte ich etwas Interessantes: Das irische Team hatte einen Vollblüter ausgewählt, der auf der linken Seite sehr angenehm ging, rechts aber steif war und sich

Der »Neck Bend« TTouch lockert den Hals und fördert seine Durchblutung.

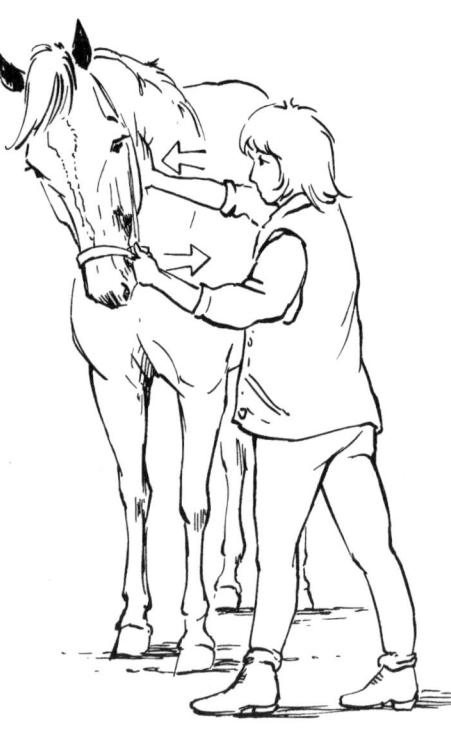

nicht bog. Da es sich um einen Dressurwettbewerb handelte, schien es unmöglich, das Pferd einzusetzen, wenn sich daran nichts ändern ließe. Die Reiter fragten mich, ob der TTouch helfen würde, und Kirsten Henry, eine meiner Assistentinnen, arbeitete 30 Minuten mit dem Pferd. Sie machte die Lockerung des Halses und der Rippen, die ich beschrieben habe. Das Pferd war danach völlig verändert und konnte sich beidseitig gut biegen. Der irische Trainer war sehr froh, denn am Ende konnte der Reiter am Wettbewerb erfolgreich teilnehmen.

Neben der Körperarbeit hilft bei solchen Pferden auch Bodenarbeit im Labyrinth. Im Labyrinth kommt es entscheidend darauf an, daß die Vorder- und Hinterbeine des Pferdes in den Kurven in dieselbe Spur treten. Daran erkennt man, ob sich das Pferd richtig biegt. Man kann es zur Unterstützung mit der Gerte an der Hinterhand touchieren, damit es sich besser biegt.

Mein Pferd ist vier Jahre alt und hat eine schwach bemuskelte Hinterhand. Gibt es spezielle Übungen, um diese zu trainieren?

Ich müßte wissen, um was für ein Pferd es sich handelt. Wenn es zum Beispiel ein Araber ist, erwartet man von einem vier Jahre alten Pferd keine stark bemuskelte Hinterhand. Da wäre ich dann auch nicht weiter besorgt. Wenn es sich aber um ein Quarterhorse oder ein Warmblut handelt, das mit vier Jahren eine gute Muskulatur haben sollte, muß man sich natürlich Gedanken machen, was man tun könnte. Ich würde empfehlen, langsame, tiefe »Bär

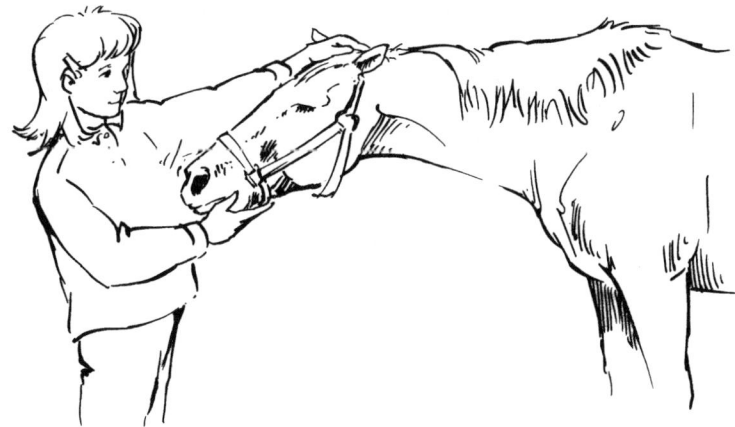

TTouches« auf der ganzen Hinterpartie und »Wolken Leopard TTouches« kombiniert mit »Python Lifts« auf der Innen- und Außenseite der Oberschenkel bis zu den Sprunggelenken zu machen, damit das Pferd ein anderes Gefühl für diesen Teil des Körpers bekommt und die Durchblutung angeregt wird.

Dann würde ich unter dem Sattel regelmäßig Geländetraining bergauf und bergab und Schrittarbeit empfehlen. Wenn Du viel in der Bahn reiten mußt, kannst Du das Pferd im Schritt und Trab über Stangen bewegen.

Was kann ich gegen das ständige Scharren mit den Hufen tun, mit dem mein Pferd um Futter bettelt?

Um den Pferden diese Gewohnheit abzugewöhnen, ist es notwendig, dem Pferd ein neues Gefühl für seinen Körper und seine Beine zu geben. Sobald Spannung

Das »Genicklösen« ist für nervöse und verspannte Pferde geeignet.

im Körper reduziert wird, wird das Pferd geduldiger werden. Beim Putzen oder beim TTouch binde es in der »Den Tiger zähmen« Position an.

Wenn das Pferd zu scharren beginnt, mache TTouches an den Schultern und an den Vorderbeinen und einige »Python Lifts« an den Beinen. Mache außerdem »Maul- und Ohrenarbeit« und tippe die Hufe mit dem Gertenknauf herum an. Außerdem benutze zwei Gerten und streiche von vorne und von hinten über beide Vorderbeine gleichzeitig. So wird das Pferd sein Bein nicht bewegen, weil es darauf achtet, was Du mit den Gerten machst. Sprich dabei und sage: »schhh, ruhig«, oder »lass Deine Beine auf dem Boden«. Normalerweise schaffen wir es innerhalb von zwei oder drei Lektionen mit Geduld und Durchsetzungsvermögen sowie einem ganz klaren Bild von dem, was ich von dem Pferd möchte.

Hier ein Tip: Wenn Dein Pferd das Gebiß nicht akzeptiert, arbeite zuerst mit einem Seil im Maul.

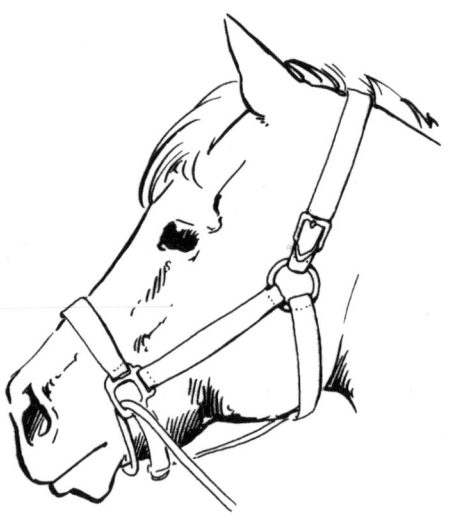

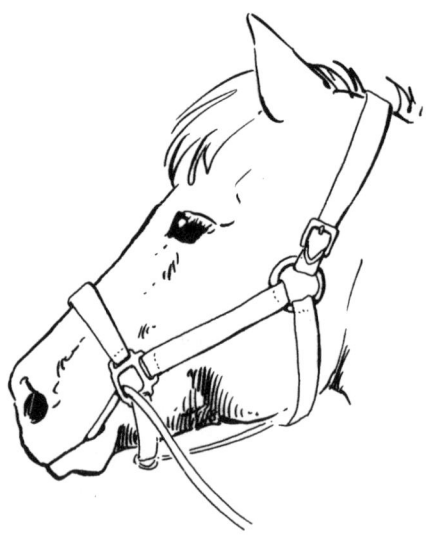

Mein Pferd nimmt das Gebiß nur zögerlich und leicht widerstrebend an. Wie kann ich es ihm möglichst angenehm machen?

Ein Pferd, daß das Gebiß im Maul nicht mag, würde ich erst einmal mit »Maularbeit« vorbereiten. Ich würde auf der Zunge leicht mit den Fingern tippen und unter den Lippen das Zahnfleisch massieren.

Ich lege nicht sofort ein Metallgebiß in das Maul eines Pferdes, sondern nehme vorher ein Seil, befestige es auf der rechten Seite mit einem Sicherheitsknoten am Halfter und führe es unter dem Kinn und durch den Halfterring auf der anderen Seite. Das Seil lasse ich ins Maul gleiten und das Pferd ein bißchen darauf herumkauen, so daß es sich an dieses seltsame Gefühl im Maul gewöhnt. Probiere verschieden dicke Seile und finde heraus, was Dein Pferd am liebsten mag. Solange es zufrieden ist, kannst Du es mit einem dünneren Seil im Maul auch fressen lassen. Allmählich wird es sich an das Gefühl im Maul gewöhnen. Es lernt durch das Seil auch, sein Maul zu öffnen, und man kann anschließend zusätzlich die Trense ins Maul schieben.

Wenn das Pferd das Gebiß nicht akzeptiert, dann ist es immer empfehlenswert, daß ein Tierzahnarzt die Zähne überprüft und nachsieht, ob der Zahnwechsel noch nicht abgeschlossen ist oder ob Wolfszähne das Tragen des Gebisses stören. Oder das Pferd könnte auch Haken an den Backenzähnen haben.

Prüfe auch die Größe und die Lage des Mundstücks. Manchmal reagieren Pferde sehr empfindlich auf ein zu dickes, zu dünnes oder nicht passend eingeschnalltes Gebiß.

Wenn Pferde besser ausgebildet sind als ihre Reiter, kann es sein, daß sie unter den ungenauen Einwirkungen leiden, wenn der Vorsprung zu groß ist?

Nein, ich glaube nicht. Es hängt dabei viel vom Reiter ab: Vor allem, ob der Reiter das Pferd mag, schätzt und respektiert, was für mich das wichtigste ist. Wenn es allerdings sehr schlecht geritten wird, dann ist das bedauerlich. Aber ich glaube auch, daß solch ein Pferd ein guter Lehrmeister sein kann. Ein schlechter Reiter auf einem guten Pferd wird sicher nicht lange ein schlechter Reiter bleiben.

Putzen und Reiten

Mein Pferd steht nicht still beim Putzen. Was kann ich tun?

Es gibt erstaunlich wenige Reiter, die sich Gedanken darüber machen, wie das Putzen auf die Pferde wirkt. Sehr oft wird mit starkem Druck, in viel zu schnellen Kreisen und womöglich noch mit einem sehr harten Eisenstriegel geputzt. Viele Pferde reagieren empfindlich dagegen. Sie spannen den Rücken an, halten den Kopf hoch und den Atem an und schlagen mit dem Schweif. All das sind Zeichen dafür, wie verspannt das Pferd ist. Wenn ein Pferd so vorbereitet geritten wird, sind die Muskeln verkrampft und müssen durch das Reiten erst wieder gelockert werden.

Stell Dir beim Putzen vor, in der Haut des Pferdes zu stecken. Wenn Du geputzt würdest, so wie es Dir gefällt und Du Dich entspannen könntest, würdest Du auch viel besser vorbereitet in die Reitbahn kommen. Versuche also, das Putzen so angenehm wie möglich für das Pferd zu gestalten. Es soll sich entspannen und nicht verspannen.

Wichtig ist, es in der »Den Tiger zähmen«-Position anzubinden, bis es ruhige »Wolken Leopard TTouches« akzeptiert. Danach folgen langsame Striche mit einer weichen Bürste oder einem weichen Lappen. Ich spreche dabei mit den Pferden, in einem tiefen, weichen Ton, um sie zu beruhigen und ihnen die Nervosität zu

Besonders sensible Pferde lieben diese Gummistriegel mit weichen Noppen (Hersteller: Grooma).

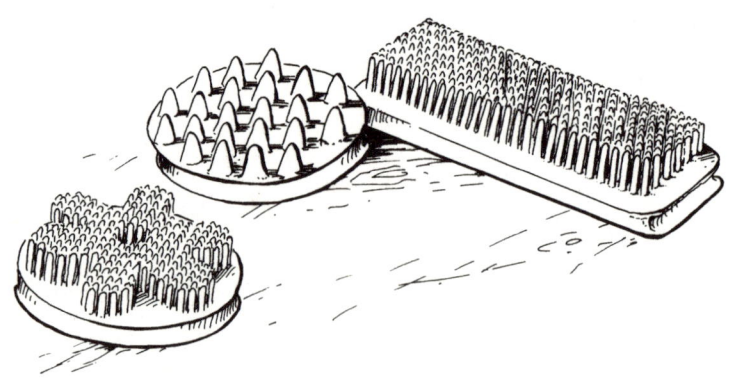

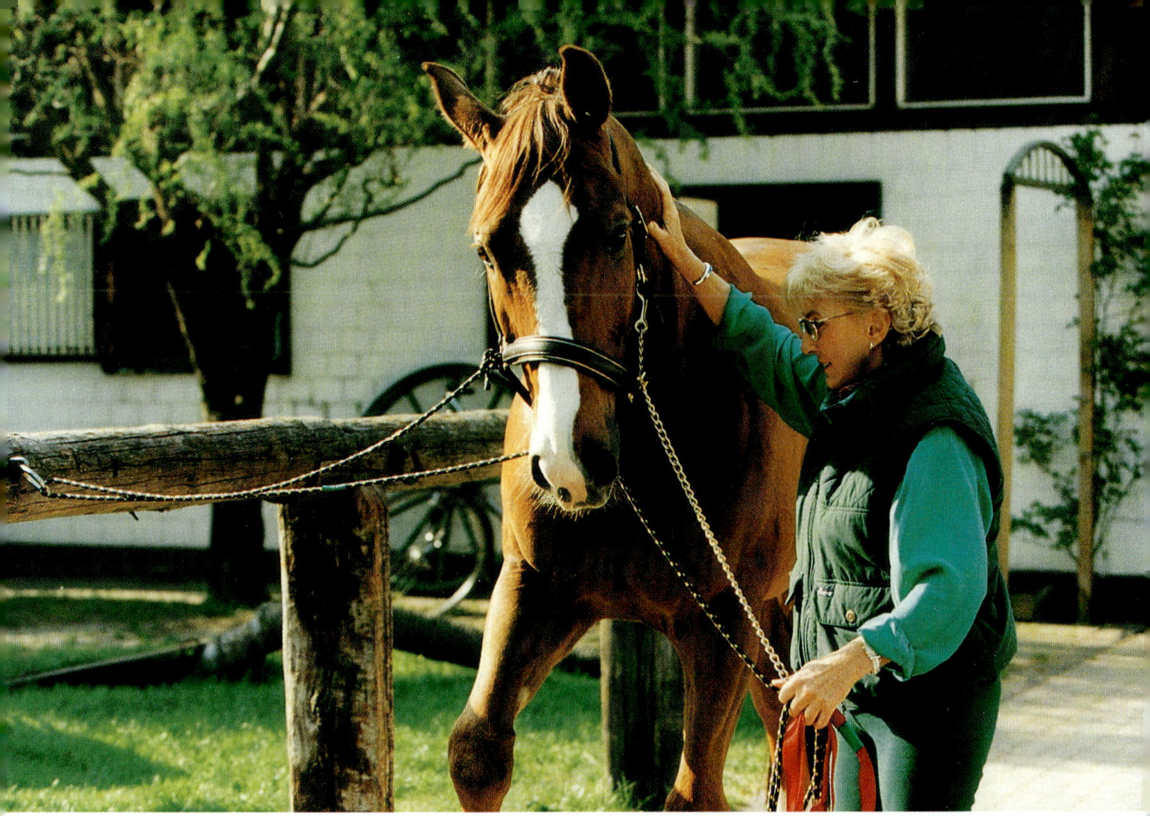

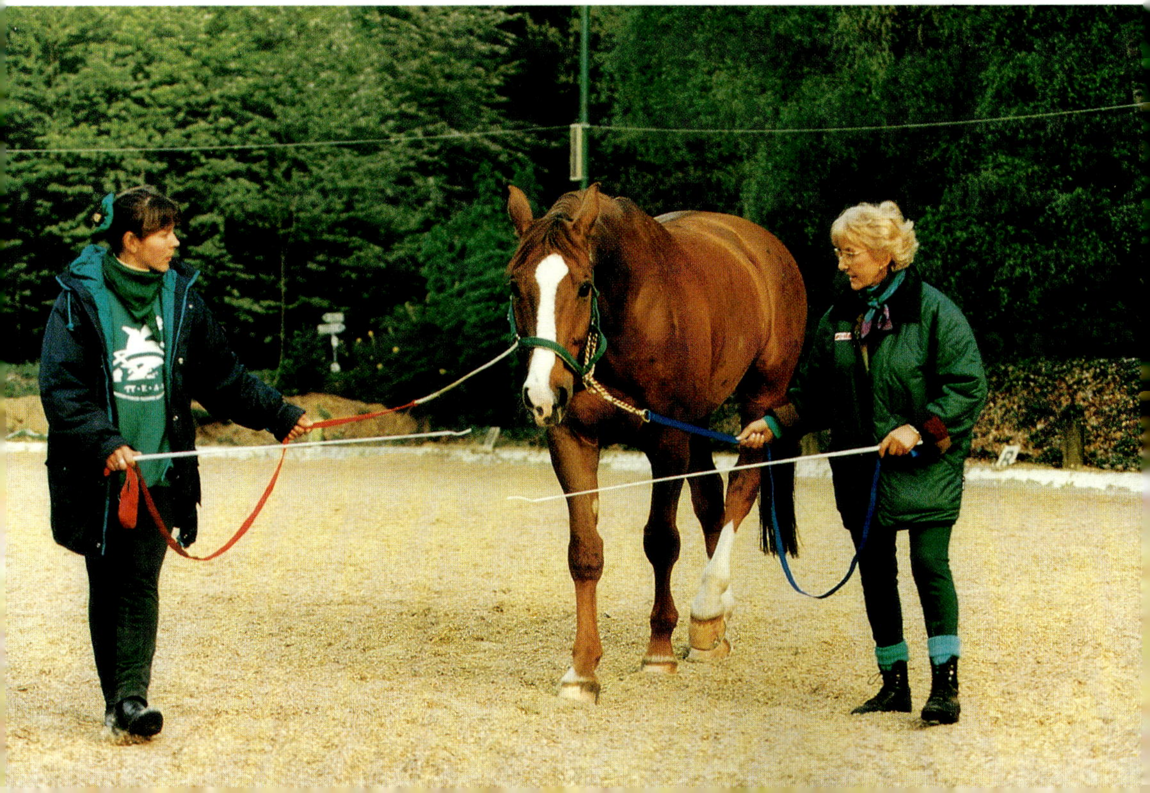

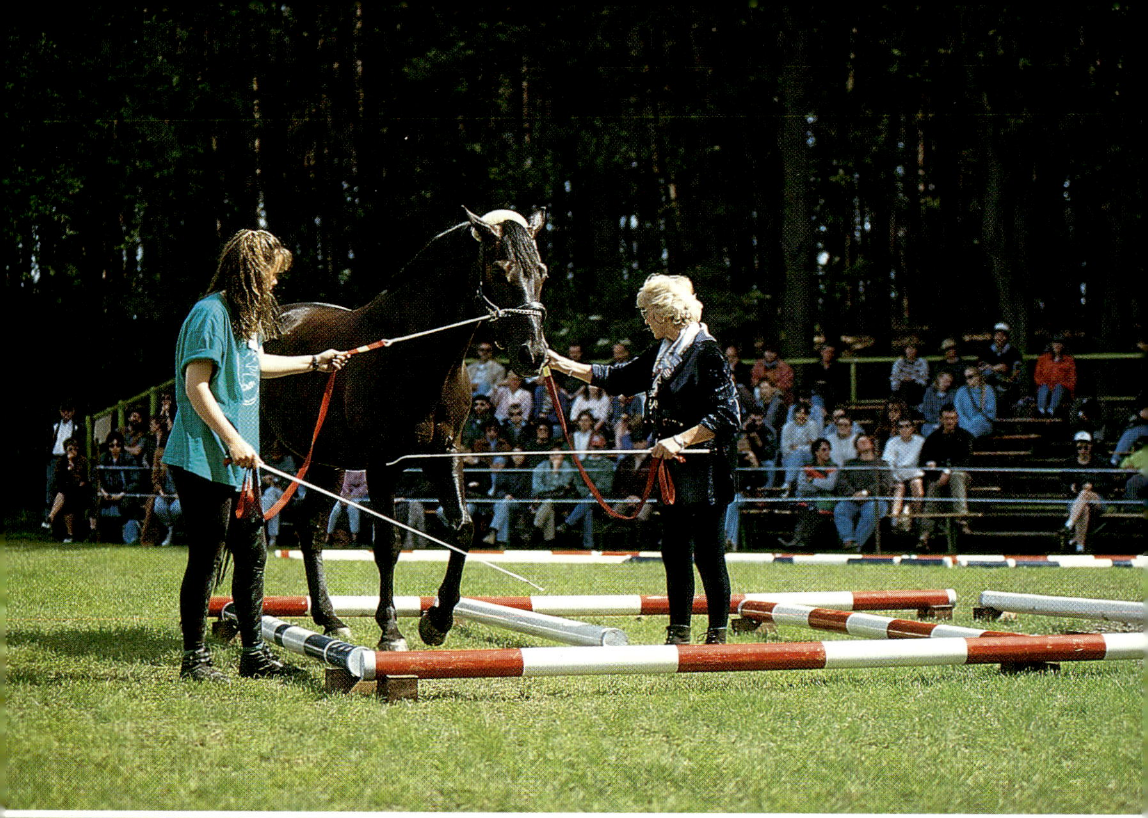

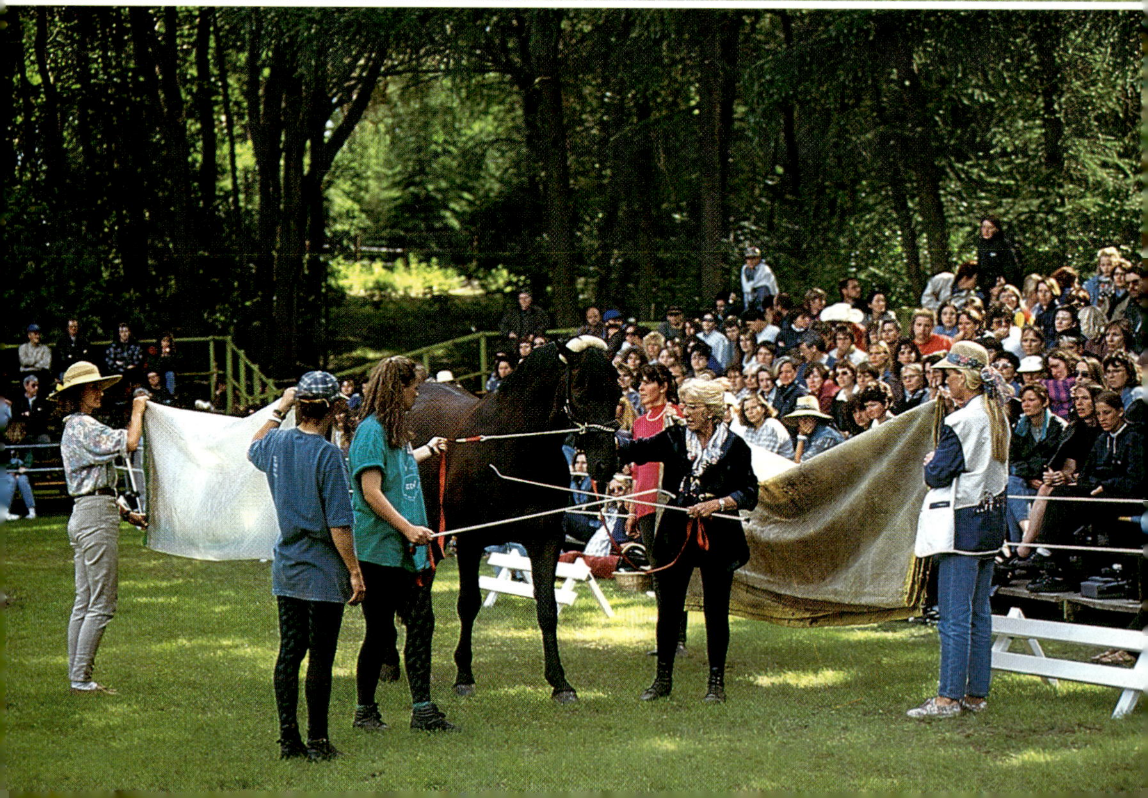

nehmen. Benutze die weichen Gummi-striegel, mit denen Du das Pferd putzen kannst.

Ich kenne ein Beispiel, das zeigt, wie wichtig das Putzen für die Gesundheit und das Wohlbefinden eines Pferdes sein kann.

Annegret Ast, eine TTeam-Mitarbeite-rin, war Landestrainerin für Dressur in Österreich. Sie hatte für einen Studenten ein Pferd entdeckt, das sehr begabt war. Der Tierarzt meinte, daß sein Rücken nicht in Ordnung und es nicht mehr ge-eignet sei, an Turnieren teilzunehmen. Es war merkwürdig, daß dieses Pferd un-möglich zu putzen war. In den ersten fünf Monaten benutzte sie noch nicht einmal eine Bürste, weil der Wallach, wenn sie sich mit einer Bürste näherte, mit den Zähnen knirschte und ausschlug. Sie putzte ihn also sehr vorsichtig mit einem Wollpullover, bis er die Behandlung ge-noß. Schließlich gewann der Reiter mit diesem Pferd mehrere nationale Turnie-re. Man kann also eine ganze Menge er-

Seite 71:
Oben: Dies ist Goldstern, das Goldmedaillen-Dressurpferd von Klaus Balkenhol in der »Den Tiger zähmen«-Position. Diesmal ist die Führ-kette an der Seite des Halfters befestigt, um ihm beizubringen, beim Putzen ruhig stehen zu bleiben.
Unten: Goldstern wird hier in der »Brieftau-ben«-Position geführt, damit er mehr Vertrau-en in schwierige Situationen bekommt. Er geht locker und folgt aufmerksam den Signalen von Stimme, Führkette und Gerte.

Seite 72:
Beim Freizeitreiter-Festival in Reken: Boden-arbeit im Labyrinth (oben) und später beim Scheutraining (unten) mit einem jungen Pferd.

reichen, wenn man auf die Bedürfnisse des Pferdes eingeht und beobachtet, wie man ihm das Putzen angenehm machen kann.

Mein Pferd macht beim Auskratzen der Hinterhufe immer ein Riesentheater, zappelt mit den Beinen und legt das ganze Gewicht auf die Seite, die ich aufheben möchte. Was kann ich tun?

Wenn Du Probleme beim Hufauskrat-zen hast, heißt das, daß Dein Pferd ent-weder nicht gut im Gleichgewicht ist, wenn Du den Hinterhuf aufhebst, oder es hat nie gelernt, ruhig zu stehen.

Es kann auch sein, daß es Angst hat. Wenn junge Pferde zum ersten Mal zum Schmied kommen, ist es oft das erste Mal, daß sie die Hufe heben müssen. Sie sind daher ängstlich und unsicher. In solchen Fällen mußt Du ganz von vorne anfangen und mit vier bis sechs Lektionen rechnen. Am Anfang mache »Python Lifts« an al-len vier Beinen und verlange sonst nichts von Deinem Pferd. Auch »Octopus« und andere TTouches an den Beinen entlang und etwas »Ohrenarbeit« können nütz-lich sein.

Zwei weitere Übungen lang arbeitest Du mit dem Bein, das am leichtesten geht, z. B. dem Vorderbein. Fordere das Pferd auf Dein Signal hin auf, den Fuß zu heben. Das geht so: Du »kratzt« oberhalb des Fesselgelenks, innen und außen am Bein, mit Deinem Zeigefinger am Fell in Richtung Vorderfußwurzelgelenk. Es soll auf das Signal reagieren und das Bein heben, ohne daß Du es anfaßt oder hochhältst. Es soll lernen, sein Gleichgewicht zu finden. Als nächsten Schritt hältst Du das Bein einen kurzen Moment hoch und läßt es wieder los. Dann hältst Du das Bein hoch und bewegst es in Kreisen parallel zum Boden. Es soll etwas unter der Höhe des anderen Vorderfußwurzelgelenks sein. Du bewegst das Bein etwa um den Punkt, an dem es auf dem Boden gestanden hat. Der Kreisdurchmesser sollte nur so groß sein, wie es das Pferd zuläßt und ihm angenehm ist, jeweils einmal links und einmal rechts herum. Du läßt das Bein dann wieder herunter.

Dann gehst Du zum anderen Bein und machst dasselbe. Danach gehst Du wieder zu dem Vorderbein, an dem Du zuerst warst, und kreist das Bein hinunter bis zum Boden. Wenn das Pferd sich dabei entspannt hat, kannst Du den Huf auf seiner Spitze absetzen. Dasselbe machst Du wieder mit dem anderen Bein. An den Hinterbeinen läßt Du Deine Hand von der Kruppe am Hinterbein entlang hinuntergleiten und setzt sie auf den Fesselkopf auf. Wenn Dein Pferd das Bein bewegt, tust Du nichts, als das Bein weiter abzustreichen. Steht es dann ruhig, kratzt Du mit dem Daumen und Zeigefinger an der Innenseite des Sprunggelenks über dem Fesselkopf, bis es den Huf hebt. Es soll auf Dein Signal hin den Huf heben. Dann trittst Du einfach zur Seite. Versuche nicht gleich beim ersten Mal, das Bein zu halten.

Streichle das Pferd, mach ein paar TTouches und zeig ihm, wie gut es das gemacht hat. Das gleiche machst Du mit dem anderen Bein. Auf diese Weise verliert das Pferd die Vorstellung, daß Du das Bein nehmen willst und es sich gegen Dich lehnen muß, weil es sein Gleichgewicht verloren hat. Dabei beläßt Du es dann. Am nächsten Tag machst Du dasselbe. So baust Du die Übung auf, bis Du das Bein nehmen und in beide Richtungen kreisen kannst.

In einigen Fällen ist diese Angewohnheit so ausgeprägt, daß Du Dein Signal unter dem Pferd hindurch am anderen Bein machst, so daß sich das Pferd auf keinen Fall gegen Dich lehnen kann.

So lernt das Pferd, sich beim Hufeheben auszubalancieren.

Wenn Du die Beine aufheben übst, suche Dir einen Bereich, wo Du eine Wand hast, so daß das Pferd nicht zur Seite und zurücktreten kann. Es ist nicht so gut, wenn Du das im freien Raum machst. Wenn Du sagst, es zappelt, solltest Du es in die »Den Tiger zähmen«-Position nehmen. Manchmal hilft es, das Pferd ein bißchen Futter aus einer Schüssel fressen zu lassen. Ein Helfer hält dabei die Schüssel in Brusthöhe, nicht zu hoch, so daß das Pferd im Gleichgewicht ist. Dann arbeitest Du an den Beinen, während das Pferd frißt. Nimm keine Pellets, denn wenn es aufgeregt ist, kann es sich an Pellets verschlucken.

Mein Pferd steht nicht still beim Aufsteigen. Was kann ich tun?

Das ist ein häufig auftretendes Problem und mit TTeam-Arbeit ziemlich einfach zu lösen. Am Anfang beginnst Du mit Bodenarbeit ohne Sattel. Du stellst Dein Pferd zwischen zwei Strohballen, während Du es am Rücken, am Hals, überall, wo Du es erreichen kannst, mit TTouches behandelst. Das machst Du so lange, bis es völlig entspannt steht.

Wenn es nicht ruhig steht, arbeite mit Führkette und Gerte, berühre es am Hals, an den Beinen, am Bauch und Rükken, so daß es das Gefühl bekommt, hier zwischen den Strohballen passiert etwas Angenehmes.

Als nächsten Schritt mache die Übung mit dem Sattel. Diesmal brauchst Du aber einen Helfer, der Dein Pferd hält. Ihr stellt Euch zwischen die Strohballen, Du machst die TTouches, läßt Dein Pferd Hafer aus einer Schüssel fressen. Nimm ein bißchen Hafer aus der Schüssel und lass Dein Pferd seinen Kopf nach hinten wenden, wo Du stehst.

Während das Pferd still steht und kaut, kannst Du es aufzäumen. Ich würde das

Wenn Dein Pferd beim Aufsteigen nicht still steht, steige von einem Strohballen aus auf. Benutze einen Balancezügel und bitte einen Helfer, Dein Pferd mit Hafer zu füttern.

Halfter darüber schnallen und jemanden mit Führkette am Kopf lassen. Das Pferd soll aus der Schüssel fressen, während Du aufsitzt. Halte dabei zur Sicherheit die Zügel in der Hand, so daß Du das Pferd kontrollieren kannst. Steige von beiden Seiten auf, sprich mit Deinem Pferd. Es soll weiterhin ruhig stehen.

Wenn Du oben sitzt, gib Deinem Pferd Hafer aus Deiner Hand, so daß es lernt, sich nach hinten zu wenden.

Bei der nächsten Lektion ohne Helfer kannst Du die Zügel aufnehmen, das Pferd sich zu Dir wenden und etwas aus Deiner Hand nehmen lassen – hier ist eine Bauchtasche mit Hafer nützlich.

Solange Dein Pferd nicht gierig wird, kannst Du diese Übungen fortsetzen, bis Dein Pferd beim Aufsteigen sicher steht.

Wenn es zu gierig sein sollte, sollte es das ohne Futter lernen. Das passiert aber eigentlich selten. Du kannst auch Leckerli anstatt Hafer nehmen. Die kann das

Pferd leichter nehmen und mit dem Mundstück kauen. In dieser Phase wäre es auch gut, wenn ein Helfer das Pferd vorne am Körper mit der Gerte abstreichen könnte.

Wichtig ist dabei, daß Du Dir ein klares Bild davon machst, was Du von Deinem Pferd wirklich willst. Unsere geistigen Vorstellungsmöglichkeiten und unsere Erwartungen haben einen großen Einfluß auf das, was geschieht. Häufig denken wir: »Oh, das Pferd macht sich

davon.« Das ist das Bild, das wir uns machen, und das ist auch das Bild, das das Pferd »sieht«. Du mußt also sagen: »Entschuldigung, aber wir werden diese Angewohnheit jetzt ändern.«

Welche Voraussetzungen muß ein Reiter erfüllen, um mit dem Trainingsgebiß reiten zu können?

Reiter, die gelernt haben, mit konstantem Zügelkontakt und geschlossener Hand zu reiten, haben öfter Probleme mit dieser Art Zäumung. Beim klassischen Reiten macht man mit den Händen eine feste Faust, und dafür ist das Trainingsgebiß nicht geeignet. Man sollte statt dessen mit einer offeneren, lockeren Hand reiten. Du solltest mit Deiner Daumenspitze das erste Gelenk Deines Zeigefingers berühren. Stell Dir einen kleinen Vogel in Deiner Hand vor, den Du ganz vorsichtig hältst.

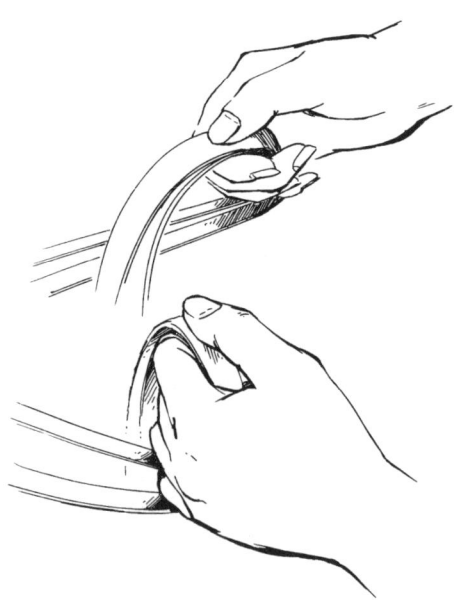

Die Zügelführung beim Trainingsgebiß: Deine Hände sollen weich und sensibel reagieren. Stell Dir vor, Du würdest einen kleinen Vogel in Deiner Hand halten, der mit dem Kopf aus Deiner Faust herausschaut. Halte die Faust leicht geöffnet und die Handgelenke gerade, so daß Du mit den Fingern nachgeben kannst.

Bei welchen Pferden empfiehlst Du das Trainingsgebiß besonders und wieso?

Ich empfehle das Trainingsgebiß, auch Rollerbit genannt, besonders bei folgenden Problemen: Zum Beispiel bei Pferden, die einen Hirschhals haben oder die im Hals oder im ganzen Körper steif sind. Auch bei Pferden, die die Tendenz haben, die Zügel aus der Hand zu ziehen. Oder bei Pferden, die zu wenig Schwung haben, deren Bewegungen elastischer sein könnten. Auch bei Pferden, die leicht scheuen, wegstürmen oder buckeln.

Das korrekte Anlegen des Trainingsgebisses ist notwendig für seine optimale Wirkung. Wenn Du die Zügel annimmst, so daß die Kinnkette am Kinn anliegt, sollte zwischen Anzug des Gebisses und Maulwinkel ein 45°-Winkel entstehen.

Warum das Trainingsgebiß bei diesen Problemen so gut wirkt? Ich denke, weil es besonders gut ausbalanciert ist und den Pferden ein neues Gefühl vermittelt. Das Gebiß hat eine Ausbuchtung, in der eine Kupferrolle liegt. Viele Pferde lieben diese Rolle auf ihrer Zunge, sie spielen damit und werden weicher im Maul.

Nach meiner Erfahrung geben die Pferde auch im Genick leichter nach, Hals und Rücken werden dadurch lockerer. Das Pferd bekommt einen ganz anderen Tritt, auch wenn das Trainingsgebiß nur beim Longieren eingeschnallt ist.

Mein Pferd verspannt sich beim Satteln und Aufsteigen sehr und zeigt eine Art Sattelzwang. Welche TTouches sind empfehlenswert?

Wenn sich Dein Pferd beim Satteln und Aufsteigen verspannt und eine Art Sattelzwang hat, würde ich raten, möglichen Rückenschmerzen auf den Grund zu gehen. Normalerweise haben Pferde mit einem empfindlichen oder verspannten Rücken vermehrt Sattelzwang. Es kann aber auch daran liegen, daß es eine alte Gewohnheit durch frühere Schmerzen Deines Pferdes ist. Oft paßt aber der Sattel nicht, oder die Sattelunterlage polstert nicht genügend ab.

Untersuche den Rücken, indem Du mit den Fingern auf beiden Seiten der Wirbelsäule entlang in die Muskeln drückst. Beobachte die Reaktion des Pferdes. Wenn es sehr empfindlich ist, wird die Reaktion sehr deutlich sein. Drücke auch unterschiedlich stark.

Wenn Du Rückenschmerzen feststellst, fang mit TTouches am Rücken und am Bauch an, denn häufig ist bei Rückenschmerzen auch die Bauchgegend verspannt.

Denk daran, daß das Pferd auch Rückenschmerzen bekommen kann, weil Du die Zügel zu stramm hältst, es zu stark an das Gebiß herantreibst oder zu stark versammelst. Zwei Handflächen hinter dem Genick des Pferdes gibt es einen Akupunkturpunkt, der die Durchblutung von Kopf und Hals kontrolliert. Wenn das Pferd am kurzen Zügel ständig in versam-

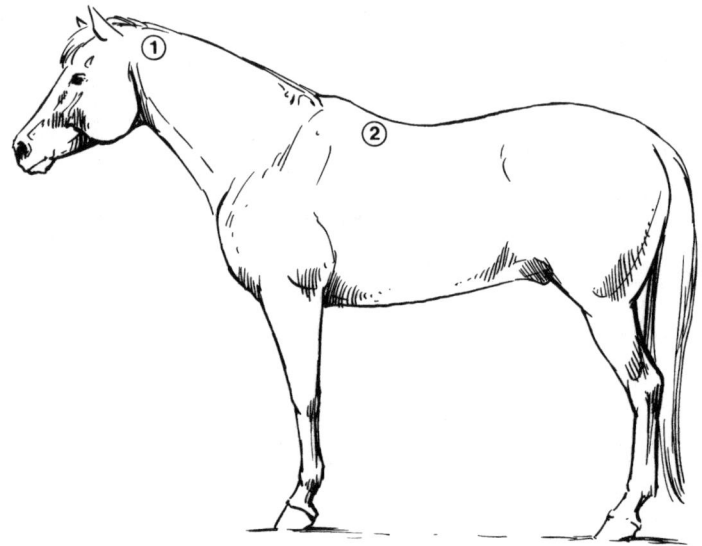

Oberhalb des zweiten Halswirbels befindet sich ein Akupunkturpunkt ①, der die Durchblutung durch Hals und Kopf beeinflußt. Benutze die TTouches, um die Zirkulation in diesem Bereich anzuregen. Dieser Punkt ②, rechts und links hinter dem Widerrist, beeinflußt das Zwerchfell und die Atmung. Wenn der Sattel nicht richtig paßt und auf diese Punkte drückt, kann die Atmung behindert sein.

melter Haltung gehen muß, kann die Durchblutung behindert sein.

Es gibt noch einen anderen wichtigen Punkt, das ist der Zwerchfellpunkt direkt hinter dem Widerrist. Wenn der Sattel auf diesen Punkt drückt, wird die Atmung des Pferdes beeinträchtigt und das führt zu Verspannungen im Rücken.

Am wichtigsten sind das »Rücken- und Bauchheben«, das »Lecken der Kuhzunge« und die verschiedenen TTouches, die die Rückenmuskulatur lockern und die Durchblutung fördern.

Mein Pferd geht nicht rückwärts, obwohl ich schon alles probiert habe.

Hier spielen wieder die Bodenübungen eine wichtige Rolle, denn Du zeigst Deinem Pferd das Zurücktreten besser zunächst vom Boden aus und nicht von oben. Ich schnalle die Führkette über die Nase, denn wenn Du das Pferd nur an einem Führseil hast, kann es sein, daß es nicht genug auf Dich achtet und Du die Signale nicht klar genug vermitteln kannst.

Du stellst Dich vor das Pferd und gibst ihm ein Signal am Halfter und drückst mit Deinen Daumen leicht auf den Schulterpunkt. Während Du »Zurück« sagst, berührst Du das Pferd mit dem Daumen am Schulterpunkt, gibst ein Signal an der Kette und läßt wieder los, sobald es einen Schritt nach hinten gemacht hat. Ich selbst habe noch kein Pferd erlebt, das ich nicht auf diese Weise rückwärts treten lassen konnte.

Wenn es das Kommando und das Zeichen von Daumen und Führkette verstanden hat, setze ich die Gerte ein und streiche damit über den Hals, die Brust und die Vorderbeine. Verwende den gleichen Befehl, zupfe an der Führkette und tippe mit der Gerte entweder an die Brust oder auf ein Vorderbein. So fordere ich es auf, zurückzugehen. Zuerst reicht ein Schritt. Ich tippe auf das andere Vorderbein, gebe die Zeichen mit Stimme, Führkette und Gerte und verlange einen weiteren Schritt. Dann halte ich es an, indem ich die Führkette nach vorne führe. Dies wiederhole ich ein paarmal. Diese Übung nennen wir »Tanz«. Ich mache vielleicht drei oder vier solche Schritte. Danach lass ich das Pferd wieder vorwärts gehen, Schritt für Schritt, indem ich es auf die Kruppe tippe. So bekommt das Pferd allmählich das Gefühl für die Signale. Nach ein oder zwei Übungen mache ich dieselbe Aufgabe mit aufliegendem Sattel. Wenn das ohne Probleme funktioniert, setze ich einen Reiter aufs Pferd.

Ich fange normalerweise nicht gleich mit einem Gebiß an, eher mit dem Lindel oder sogar nur mit dem Halfter, wobei jemand am Kopf steht und das Pferd führt. Der Reiter sitzt einfach nur im Sattel, und jemand gibt von unten die Signale mit Führkette und Gerte. Wenn das Pferd zurückgeht, benutzt der Reiter die Gerte und gibt die gleichen Zeichen. Bei der nächsten Übung verlangst Du von Deinem Pferd ohne Helfer, rückwärts zu gehen, und tippst es dabei mit der Gerte an der Brust an. Es ist auch hilfreich, den Balancezügel zu benutzen. Wenn Du das Pferd mit Gebiß reitest, nimmst Du den

Durch Druck auf die Spitze des Buggelenkes, mit gleichzeitigem Signal an der Führkette, kannst Du Deinem Pferd das Rückwärtstreten beibringen.

Balancezügel auf, forderst einen Schritt rückwärts und gibst wieder nach, sobald es einen Schritt zurück gemacht hat. Einfacher als mit einem Trensengebiß bringst Du einem jungen Pferd das Rückwärtsgehen mit einem Lindel oder Trainingsgebiß bei.

Mein Pferd stolpert häufig, was kann ich tun?

Man kann eine Menge Dinge tun, die ganz einfach und praktisch sind! Zunächst würde ich dem Pferd ein besseres

Körpergefühl in den Beinen vermitteln: mit dem »Python Lift« von den Ellbogen bis zu den Hufen.

Oder mit dem »Octopus«. Dieser TTouch sieht komplizierter aus als er ist. Sieh Dir die Zeichnungen an und probie-re es am Bein eines Freundes. Durch den »Octopus« wird die Blutzirkulation angeregt, und das Pferd bekommt ein bewußteres Gefühl in den Beinen.

Außerdem würde ich empfehlen, den Huf mit dem Plastikknopf am Ende der

Der »Octopus« TTouch verbessert die Durchblutung und die Trittsicherheit des Pferdes. Es sieht übrigens schwieriger aus, als es ist! Übe zuerst am besten am Bein eines Freundes und beginne jeden neuen »Octopus« jeweils etwas tiefer am Bein (siehe ganz unten rechts).

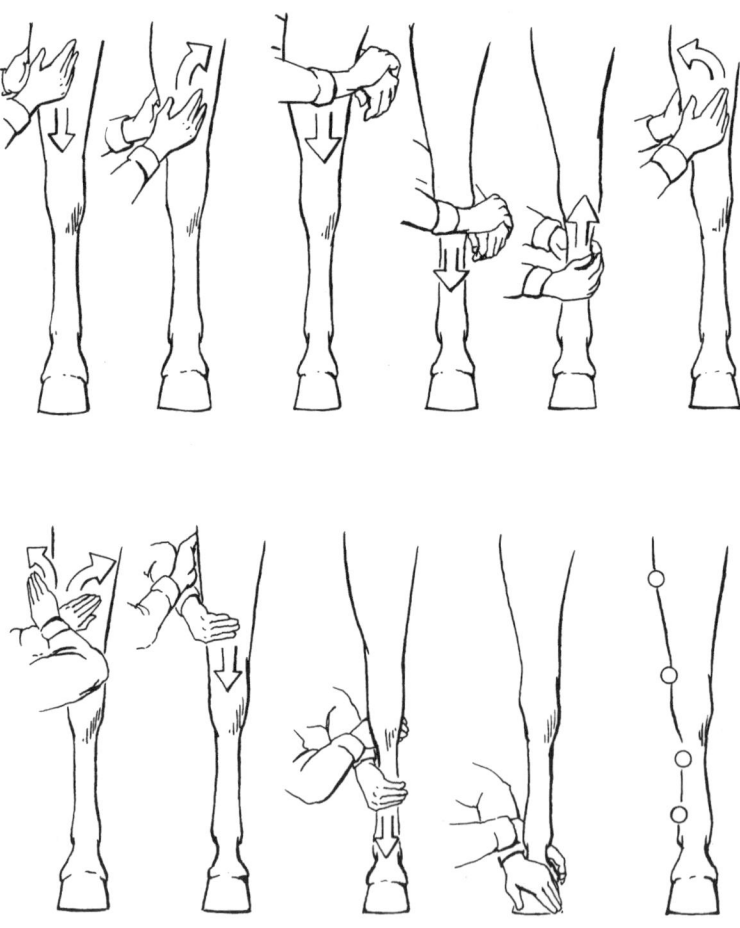

Bei Pferden mit einem unregelmäßigen Tritt oder bei Pferden, die stolpern, bringt das Abklopfen der Hufe mit dem Gertenknauf rund um den Huf herum größere Aufmerksamkeit und mehr Gefühl für die Beine.

Gerte von allen Seiten abzuklopfen. Dadurch bekommt das Pferd einen besseren Tritt.

Man muß sich auch klar machen, daß die Verbindung von Rücken und Hals in die Beine sehr wichtig ist, vor allem für ein Pferd, das stolpert. Du machst verbundene »Wolken Leopard TTouches« am Hals entlang bis hinunter zu den Hufen, um dem Pferd ein besseres Gefühl für seinen Körper zu vermitteln. Du kannst den Rücken auch mit dem »Lecken der Kuhzunge« aktivieren.

Ich würde empfehlen, zusätzlich zur Trense einen Balancezügel zu benutzen. Probiere das Trainingsgebiß, denn das

kann in so einem Fall helfen. Es macht das Pferd schwungvoller und aufmerksamer.

Oft ist auch das Körperseil, das einen besseren Zusammenhalt des Körpers vermittelt, sehr hilfreich.

Mein Pferd »latscht« im Gelände – was kann ich tun?

Die Trägheit kann von mangelndem Körpergefühl oder fehlender Verbindung herrühren, und alles, was ich bei einem Pferd, das häufig stolpert, rate, gilt auch hier.

Und noch etwas: Prüfe, was für ein Futter Dein Pferd bekommt. Vielleicht erhält es nicht genügend Energie, vielleicht hat Dein Pferd auch zuwenig rote Blutkörperchen. Das sollte der Tierarzt untersuchen. Vielleicht braucht Dein Pferd ein Kräftigungsmittel, vielleicht aber auch einfach nur mehr Kraftfutter. Auch nach Parasiten sollte man ein Pferd untersuchen, das zu träge oder zu langsam ist. Und natürlich auch die Zähne, ob es in der Lage ist, das Futter zu kauen und zu verdauen, das es bekommt.

Mein Pferd schlägt beim Reiten mit dem Kopf. Ich habe schon kontrollieren lassen, ob es am Sattel oder an der Zäumung liegt, aber da scheint alles in Ordnung zu sein. Weißt Du einen Rat?

Ohne das Pferd zu sehen, läßt sich diese Frage wirklich nur schwer beantworten. Es gibt verschiedene Gründe, die Kopfschlagen verursachen können. Prüfe den Sattel und das Gebiß, ob sie richtig passen. Auch Rückenschmerzen, Zahn- oder Ohrenprobleme können Kopfschlagen auslösen.

Als eines der Pferde, das 1978 zu unserem ersten Forschungsprojekt ins Testzentrum nach Reken kam, wurde uns von einem Tierarzt aus Süddeutschland eine Stute geschickt. Sie schlug so stark mit dem Kopf in die Luft, daß sie manchmal dabei stürzte. Der Tierarzt meinte, es könnte ein neurologischer Befund die Ursache sein, denn er konnte nichts Auffälliges finden. Die Stute zeigte dieses Verhalten erst seit ein paar Wochen und war vorher in Ordnung gewesen. Wir fanden heraus, daß die Reiterin zunächst keinen Dressur-Unterricht gehabt und das Pferd nur im Gelände geritten hatte. Dann hatte sie Reitstunden genommen und das Pferd dabei einige Wochen beim

Traben immer mit kurz aufgenommenen Zügeln ausgesessen geritten. Hals und Rücken der Stute waren verspannt und schmerzempfindlich geworden, und deshalb schlug sie mit dem Kopf.

Sobald wir die TTouches auf dem Rücken machten und ihr die Schmerzen nahmen, hörte sie mit dieser Angewohnheit auf. Allerdings geht es nicht immer so einfach.

Es gibt in der Tat das Problem mit sogenannten Head-Shakern, nur ist noch nicht genügend geforscht worden, als daß man Genaueres darüber sagen könnte. An der Universität von Davis in Kalifornien wird beim derzeitigen Stand davon ausgegangen, daß es sich um eine besondere Lichtempfindlichkeit handelt, die im Frühjahr und Sommer auftritt. Du könntest versuchen, Dein Pferd mit einem Fliegenschutz zu reiten. Diese Hauben haben die Wirkung einer Sonnenbrille. Vielleicht stellst Du einen Unterschied fest. Hier in Deutschland habe ich eine andere Theorie gehört, nach der es sich um eine Allergie handelt, was natürlich auch sehr gut möglich ist, z. B. eine Futterallergie oder eine Allergie gegen Umweltschadstoffe.

Mein Pferd geht immer zu langsam, ich muß es ständig treiben. Was kann ich tun?

Ein Pferd, das nicht richtig vorwärts gehen will, hat meist zuwenig Körpergefühl. Durch die TTouches am ganzen Körper bekommt es ein neues und besseres Gefühl für seinen eigenen Körper. Es wird besser vorwärts gehen, wenn Du durch die verschiedensten TTouches das

Körperbewußtsein des Pferdes verbesserst. Zum Beispiel durch das »Beinkreisen«, das Entspannen der Rippenpartie oder verschiedene »Schweif-TTouches«. Manchmal hilft es auch, mit dem Trainingsgebiß zu reiten, da dies die Balance des Pferdes verbessert.

Ich kenne ein interessantes Beispiel. Ich hatte zwei Islandpferde im Training, die Stute war sehr fleißig, der Wallach dagegen sehr träge. Er blieb immer hinter dem anderen Pferd zurück, und man mußte ihn ständig vorwärts treiben. Ich band ein Seil als Körperseil um seine Hinterhand und befestigte sie am Sattel. Das Seil lag dabei oberhalb des Sprunggelenks. Wir haben das Seil nur zweimal angewandt, und er ging sofort zügiger und war nach kurzer Zeit genauso gehfreudig wie die Stute. Durch das Seil konnten wir

seine Hinterhand aktivieren, er trat besser unter und ging dadurch flotter voran. Vielleicht hilft dies nicht immer, aber es kann ein guter Rat für ein langsames Tier sein. Probiere auch verschiedene TTouches und das Trainingsgebiß.

> **Mein Pferd steigt und buckelt, wenn ich es auf einer Volte reite. Ich habe versucht, es zu strafen, aber es hat nicht geholfen.**

Ich hatte genau so ein Pferd vor einigen Jahren in der Schweiz im Training. Es war ein M-Dressurpferd, das in den Volten dieses Problem hatte. In solch einem Fall ist es angebracht, Rücken und Körper des Pferdes auf irgendwelche Ursachen für

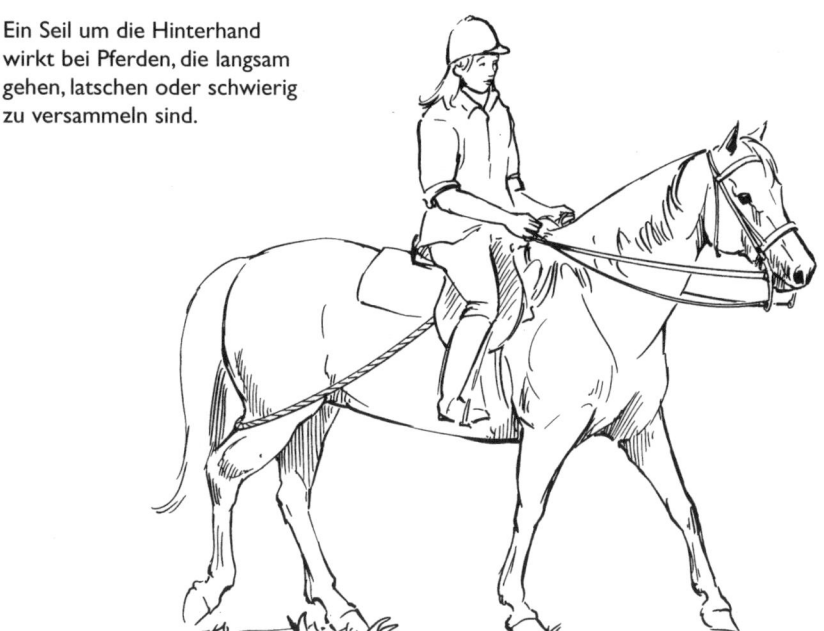

Ein Seil um die Hinterhand wirkt bei Pferden, die langsam gehen, latschen oder schwierig zu versammeln sind.

Unbehagen oder Schmerzen zu untersuchen. Ich beobachtete die Reiterin, wie sie im Galopp auf dem Zirkel ritt. Wenn das Pferd nicht so stark versammelt war, wie es eigentlich sein sollte, ging es ganz gut.

Wenn sie es aber stärker versammelte und der Kreis enger wurde, hielt das Pferd an, ging rückwärts und fing fast an zu steigen. Ich nahm den Sattel herunter und untersuchte seinen Hals. Ich drückte vorsichtig auf beiden Seiten des oberen Halses, es zuckte zusammen und riß den Kopf hoch. Als ich im Bereich des Sattels direkt hinter den Schultern einen leichten Druck ausübte, ging es fast kerzengerade in die Luft. Das Pferd war extrem empfindlich im Bereich des Sattels. Als ich mir dann genau ansah, wie der Sattel saß, stellte ich fest, daß er viel zu weit vorne lag. Das Pferd wurde vom Sattel regelrecht eingeklemmt. Es konnte sich gar nicht biegen, ohne vom Sattel gekniffen zu werden. Als wir den Sattel fünf oder sechs Zentimeter weiter zurück legten, war alles gut, und es buckelte nicht mehr. Manchmal haben Probleme wirklich einfache Lösungen.

Meine dreijährige Quarter-horse-Stute wurde im Round Pen ausgebildet. Wenn ich sie jetzt draußen reiten möchte, steigt sie. Wie kommt das?

Es kommt sehr oft vor, daß Pferde, die nur im Round Pen ausgebildet werden, nicht ausreichend mit ihrer Umgebung vertraut sind. Sie lernen nicht zu denken, sie lernen nur, im Kreis zu gehen. Du mußt die Stute aus dem Round Pen herausnehmen und sie in die neue Umgebung einführen. Sie muß lernen, geradeaus zu gehen. Arbeite mit ihr im Labyrinth, zeige ihr, wie sie auf ein Signal am Kopf und das Antippen mit der Gerte auf der Kruppe hin vorwärts gehen kann. Sie soll lernen, auf Dich zu hören.

Ich hatte eine ähnliche Stute in Georgia, die kerzengerade stieg, wenn der Reiter darauf bestand, die Reitbahn zu verlassen. Ich arbeitete mit ihr zwei Tage. Am ersten Tag nur im Labyrinth, über Stangen etc., um ihr das Mitarbeiten und Denken beizubringen. Dann brachte ich ihr bei, geradeaus zu gehen, erst vom Boden aus, während einige andere Pferde um sie herum waren. Dann ließ ich die Reiterin aufsitzen. Sie konnte sie durchs Labyrinth reiten und schaffte, daß sie auf sie hörte. Anschließend war sie zum ersten Mal in der Lage, mit ihr aus der Anlage herauszureiten.

Von meinem Mann, der in der letzten Kavallerie-Schule Amerikas ausgebildet wurde, habe ich vor vielen Jahren eine Übung gelernt: Das Pferd lernt geradeaus zu gehen, an einem bestimmten Punkt zu wenden, anzuhalten und dann wieder in eine andere Richtung geradeaus zu gehen. So geht es in geraden Linien durch die Bahn.

Denk daran, daß Steigen eine Form des Ausweichens vor Dir ist. In manchen alten Lehrbüchern wirst Du finden, daß man einem Pferd, das steigt, auf den Kopf schlagen oder einen Eimer Wasser über seinen Kopf schütten soll. Das ist höchst gefährlich, das Pferd kann noch mehr Angst oder Widerwillen aufbauen, und es könnte sich überschlagen. Gewalt löst außerdem die Ursache für das Steigen nicht. Unabhängig von allen Trainingsmethoden muß man sicher sein, daß man weder sich selbst noch das Pferd in Gefahr bringt. Wenn wir anstelle unserer Muskeln unsere Gehirnzellen benutzen, können wir das Pferd mit besseren Methoden und Einfühlungsvermögen dazu bringen, mit uns zusammenzuarbeiten.

> **Mein Pferd geht hinter dem Zügel. Vor allem im Gelände bringt es den Kopf dicht an die Brust. Woher kommt das, und was kann man dagegen tun?**

Solche Pferde haben sich dieses Verhalten oftmals durch die Arbeit mit Ausbindern oder Schlaufzügeln angewöhnt. Sie haben durch die Hilfszügel gelernt, sich hinter dem Gebiß zu verkriechen. Das kann schwierig werden, denn Du kannst Dein Pferd so nicht gut durchparieren. Ich empfehle die Bodenarbeit und das Reiten mit dem Balancezügel.

Beim Reiten kannst Du den Balancezügel mit dem Lindel, Trainingsgebiß oder der Trense kombinieren. Anfangs kannst Du den Balancezügel über dem Hals liegen haben. Willst Du ihn aufnehmen, greife mit Zeige- und Mittelfinger nach vorne, ziehe den Balancezügel zu Dir heran, und übe ein bißchen Druck auf ihn aus. Dadurch wird der Rücken ge-

Reiten mit dem Halsring bringt Pferd und Reiter Spaß und schafft Vertrauen. Das Pferd entspannt den Nacken, wird elastischer im Rücken und kommt so in eine bessere Balance.

hoben, und der Pferdekopf senkt sich. Normalerweise ist das Verhältnis des Zügeleinsatzes 55 % Balancezügel und 45 % Trense oder Lindel. Du kannst auch das Reiten mit dem Halsring probieren.

Das Pferd meiner Freundin geht im Gelände durch. Kann ich irgend etwas tun, um ihr zu helfen?

Du solltest darüber nachdenken, warum dieses Pferd durchgeht und bei welcher Gelegenheit. Am wichtigsten ist es jedoch, an die Sicherheit zu denken. Die Sicherheit der Reiter und anderer Menschen, die durch solch ein Verhalten gefährdet werden können, geht vor, und dann erst kommt, was Du für das Pferd tun kannst.

Ich hätte einige Fragen: Wie alt ist das Pferd? Seit wann geht es durch? Läuft es immer weg? Weißt Du den Grund dafür? Wie gut reitet Deine Freundin? Was frißt das Pferd? Wieviel Bewegung bekommt es? Ist es eine Angewohnheit, oder macht das Pferd das, weil es Schmerzen verspürt?

Auf einem Pferd zu sitzen, das durchgeht und außer Kontrolle gerät, ist eine höchst unangenehme und gefährliche Situation.

Ich will zwei interessante Beispiele von Pferden geben, die als Durchgänger galten:

Das erste war ein 12-jähriger Isländer, aus Island importiert, der von verschiedenen guten Reitern geritten worden war. Er hatte die Angewohnheit, wegzurennen. Wenn er mit anderen Pferden zusammen war, blieb er bei ihnen. Wenn man mit ihm allein ausritt, konnte man ziemlich sicher sein, daß er loslegen und außer Kontrolle geraten würde. Er war dann völlig verängstigt, und es war unmöglich, ihn zu wenden, man konnte keine Zirkel reiten oder ihn in eine Richtung lenken. Er ließ sich einfach nicht mehr halten. Ich beobachtete, daß er vor jeder Art von Bewegung über sich, durch den Reiter, oder hinter sich fürchterliche Angst hatte. Ich ließ ihn durch jemanden führen und ritt ihn mit dem Trainingsgebiß. Ich brachte ihm bei, anzuhalten, stillzustehen und sich, um aus meiner Hand ein bißchen Futter zu bekommen, nach hinten zu wenden. Er war in der Lage zu fressen. Es gibt Pferde, die haben solche Angst, daß sie noch nicht einmal fressen können. Mit diesen Pferden solltest Du ganz von vorne mit dem Training beginnen.

Sobald ich mich auf seinem Rücken bewegte oder meine Beine zumachte, schoß er nach vorne. Also brachte ich ihm bei, stillzustehen, damit ich TTouches auf seinem Rücken und ein paar Bewegungen vom Sattel aus machen konnte. Jedesmal, wenn er sich umdrehte und etwas Futter aus meiner Hand bekam, sagte ich »hoooo«. Nach ungefähr fünf Übungen wußte er, daß er jedes Mal, wenn er nervös werden würde, Futter bekommen würde. Er verlor nach und nach seine Angst und konnte wieder tiefer atmen. Es dauerte nicht lange, bis er auch allein im Gelände reitbar war.

Ein anderes Pferd kam aus einem Springstall. Der Wallach hatte angefangen, mit seiner Reiterin durchzugehen. Er war kein richtiger Ausreißer. Wenn sie angaloppierte, wurde er ein wenig heftig und schneller. Sie war nicht in der Lage, ihn zu halten, und bezeichnete das als Durchgehen. Ein Pferd, das richtig durchgeht, ist geistig und gefühlsmäßig außer Kontrolle. Wir brachten das Pferd ins Testzentrum Reken. Er wurde von seiner Reiterin mit extrem engem Hannoverschen Reithalfter und mit engem Martingal geritten. Wir nahmen das Martingal und den Nasenriemen ab und arbeiteten ihn ein paar Übungen lang durch das Labyrinth und über den Stern. Innerhalb von drei Tagen konnte man ihn nur mit einem Halsring reiten. Er ging auch wunderbar mit dem Lindel und war absolut zufrieden. Ich denke, das war ein Pferd, das sehr heftig wurde, weil es nicht genügend Bewegung und zuviel Kraftfutter bekommen hatte. Außerdem war es von der Reiterin viel zu eng geritten worden.

Wenn Du also Deiner Freundin helfen möchtest, denke an folgende Punkte: Übe die Bodenarbeit mit dem Pferd. Es lernt dadurch, auf Signale zu gehorchen und zu reagieren. Reite dieses Pferd nur mit anderen ruhigen Pferden ins Gelände. Mach keine Wettrennen, das heizt die Pferde auf. Galoppiere so lange nicht im Gelände, wie Du es nicht unter Kontrolle hast. Probiere, mit dem Trainingsgebiß und Balancezügel zu reiten. Achte auch auf das Futter, zuviel ist nicht gut.

Ich habe schon oft vom Halsringreiten gehört, weiß aber nicht, wie ich anfangen soll?

Bei vielen Pferden könntest Du die Trense einfach durch den Halsring ersetzen. Um Dich nicht in Gefahr zu bringen, solltest Du sicherheitshalber die Vorübungen zum Reiten mit dem Halsring machen. Gehe Schritt für Schritt vor. Wichtig ist, auf einem umzäunten Platz oder in der Halle zu reiten. Unser Halsring ist eine Art Lassoschlinge, die durch einen Kunststoffüberzug steif gemacht wurde.

Zuerst reitest Du mit Deiner ganz normalen Zäumung und legst den Halsring zusätzlich um den Hals. Nimm die Zügel in eine Hand und den Halsring in die andere. Halte den Halsring etwa auf Mitte des Halses. Wenn Du nach links abwenden möchtest, drehe den Halsring so, daß die linke Seite des Rings tiefer kommt und die rechte Seite höher am Hals liegt. Benutze auch Gewichts- und Schenkelhilfen, um dem Pferd die Richtung zu zeigen. Rechts herum geht es auf dieselbe Weise, der Halsring wird dann rechts tiefer gehalten. Wenn Du anhalten oder durchparieren möchtest, halte den Halsring höher an den Hals und übe dort etwas Druck aus (d. h. annehmen und nachgeben). Sobald das Pferd langsamer wird oder steht, nimm den Halsring wieder tiefer.

Wichtig für das Halten sind auch die Schenkelhilfen. Probiere, mit den Oberschenkeln Druck auszuüben, nicht wie üblich mit den Unterschenkeln, damit das Pferd stoppt.

Wenn das Pferd diese Hilfen begriffen hat, kommt der nächste Schritt. Du nimmst das Zaumzeug vom Pferdekopf ab. Jetzt brauchst Du ein etwa 1 cm dikkes, etwa sechs bis sieben Meter langes Seil und einen Helfer. Du befestigst das Seil wie eine Art Halfter am Kopf des Pferdes. Dann reitest Du los, Dein Helfer hält das Pferd zur Sicherheit an dem langen Seil einige Meter entfernt. Übe wie vorher Losgehen, Wenden, Anhalten, so selbständig wie möglich. Wenn das gut klappt, wird das Seil nur noch am Hals befestigt (mit einem Sicherheitsknoten,

Hier sind die vier Schritte für das Reiten mit Halsring aufgezeichnet. Es bringt nicht nur Pferd und Reiter viel Spaß, sondern es fördert das Vertrauen und die Arbeitsbereitschaft des Pferdes.

der sich nicht zuziehen kann), und der Helfer geht weiterhin mit. Wenn Du das Gefühl hast, Du hast Dein Pferd unter Kontrolle, dann probiere es allein nur mit dem Halsring. Der Helfer sollte weiterhin mit ca. 3 m Abstand auf Höhe des Kopfes mitgehen. Dann kann auch diese Sicherheitsvorkehrung wegfallen. Ich habe schon viele glückliche Reiter und Pferde erlebt. Es bewirkt eine neue Partnerschaft und ein besonderes Vertrauensverhältnis zwischen Pferd und Reiter.

Last but not least

Ich habe gehört, daß Du sehr darauf achtest, wie jemand sein Pferd nennt. Warum ist das wichtig?

Im Laufe der Jahre habe ich festgestellt, daß der Name eines Pferdes sehr viel Einfluß darauf hat, wie es sich benimmt, und ich habe dafür sehr viele bezeichnende Beispiele erlebt. Zum Beispiel hatten wir bei der Behinderten-Olympiade eine Apaloosa-Stute, die von einem Italiener geritten wurde und auf den englischen Namen »Here comes trouble«, also »Jetzt gibt's Ärger«, hörte. Ich lernte das Pferd kennen, weil die Pfleger sich bei uns beklagten, daß sie so schwierig sei, daß sie beim Satteln beißen und ständig die Ohren anlegen würde. Ich ging zu ihr in den Stall, denn unsere Practioners waren gebeten worden, sie mit TTouches zu behandeln. Ich arbeitete mit ihr, fand sie sehr nett und sagte: »Hört mal, ihr könnt unmöglich ein Pferd ›Jetzt gibt's Ärger‹ nennen und dann erwarten, daß es sich anständig benimmt.« Wir gaben ihr den neuen Namen »Treble«, was »Sopran« bedeutet. Es war interessant, daß sie den Ruf hatte, Reiter, deren Art zu reiten ihr nicht angenehm war, abzuwerfen. Alle waren natürlich sehr in Sorge, denn der italienische Teilnehmer, der sie

gern mochte, weil sie leicht vorwärtsging, war Spastiker. Er hatte eine sehr unruhige Hand. Der Trainer, der das Pferd kannte, hatte Angst, »Trouble« würde dem Reiter Ärger und Probleme bereiten. Ich arbeitete mit ihr, beobachtete sie und sagte dem Reiter, als er aufstieg, sie heiße »Treble«, und sie ging prima unter ihm.

Es klingt vielleicht seltsam, aber ich möchte es trotzdem sagen: Wenn ich ein Pferd in einer Situation sehe, in der der Reiter wirklich auf seine Hilfe angewiesen ist, dann stelle ich mir vor, daß dieses Pferd »Pferdeengel« heißt. Und ich versichere Dir, daß es sich dann auch so verhält. Wenn Du also einmal Probleme hast und so einen »Pferdeengel« zu Hilfe rufst, versteht Dein Pferd das.

Noch eine andere Geschichte zum Thema Namen: Vor dreißig Jahren kaufte ich ein sehr talentiertes Springpferd, das »Fighting Mad« (»Verrückter Kämpfer«) hieß. Es biß und schlug um sich, und normalerweise würde ich ein Pferd, das beißt und schlägt, nicht kaufen, aber es sprang sehr gut. Ich nahm es also mit nach Hause in meinen Stall, änderte seinen Namen in »Jumping Jack«, und nach einer Woche war das Beißen und Schlagen vorbei.

Manche werden jetzt denken, daß ein Pferd doch nicht die Bedeutung seines

Namens verstehen kann, warum kann er dann trotzdem wichtig sein? Das liegt vielleicht daran, daß das Bild, das wir uns in unserem Kopf von der Welt machen, das Pferd anscheinend weitaus mehr beeinflußt, als wir uns das vorstellen können. Deshalb ist es auch so wichtig, sich bildlich vorzustellen, was Du willst, wenn Du von einem Pferd eine Übung verlangst, ihm das Scharren verbietest oder es vorwärtstreibst. Wir als Menschen neigen dazu, uns ein Bild davon zu machen, wie ein Pferd ist, und daran festzuhalten, zu sagen: »So ist mein Pferd«, anstatt zu denken: »So möchte ich mein Pferd haben.« Und da kannst Du mit dem Namen nachhelfen.

Ich finde, es ist wichtig, mit den Namen der Pferde Respekt und Achtung auszudrücken und deutlich zu machen, wie sie sind und welche Rolle sie im Leben so vieler Menschen spielen. Wenn Du ein gutes Pferd willst, dann gib ihm einen Namen, der etwas darüber aussagt, wie Du es haben willst. Du mußt entscheiden, was Du wirklich von diesem Pferd erwartest. Wenn Du möchtest, daß es stolz und erfolgreich ist, gib ihm einen Namen, der seine Persönlichkeit widerspiegelt.

Warum glaubst Du, daß sich so viele Menschen zu Pferden hingezogen fühlen und warum sie für viele so besondere Tiere sind?

Vor einigen Jahren wurde ich durch den Medizinmann Harley Swift Deer in den Cherokee Deer Clan aufgenommen. Er sah bei einer meiner Vorführungen zu, und am Ende sagte er zu mir, daß die Cherokee glauben, daß das Pferd ein besonderes mystisches Symbol für die Freiheit des Menschen ist.

Pegasus ist das allbekannte mystische Symbol für die westliche Welt. Er ist ebenfalls ein Zeichen dafür, welchen besonderen, göttlichen Stellenwert das Pferd für den Menschen besitzt.

In unserer modernen Welt sind Pferde ein Symbol für Kraft, und für viele ein Partner zur sportlichen Betätigung als Ausgleich zur täglichen Arbeit.

Aber ein ganz anderer, wichtiger Aspekt ist die besondere Verbindung zur Natur, die wir durch ein Pferd erleben können. Wenn wir in Städten leben, brauchen wir unbedingt diesen Kontakt, haben aber oft nicht die Möglichkeit dazu.

Für viele gibt es nichts Schöneres zu erleben als den Geruch eines Pferdes, das Geräusch des friedlichen Kauens im Stall, das Grummeln oder Wiehern zur Begrüßung oder die Bewegung der kräftigen Muskeln, wenn es uns über Hindernisse oder durch den Wald trägt.

Pferde geben uns ihre bedingungslose Liebe, die sonst nicht unbedingt in unserem Leben vorhanden ist.

Für mich sind Pferde meine Lehrer und Freunde. Sie haben mir Geduld und Verständnis beigebracht. Durch sie habe ich gelernt, mein Herz zu öffnen.

So geht es sicher nicht nur mir, und dies ist vielleicht der Grund, daß so viele Zweibeiner mit einer unerklärlichen Liebe zu Pferden geboren werden. Vielleicht ist es auch in Wirklichkeit ein Geheimnis und ein großes Geschenk Gottes für uns.

Message of the Spirit of the Horse

von Linda Tellington-Jones

You seeth not what stands before the
eyes.

It is time
    that you spoke for us
We need your voices.

We take heart that many
    are awaking to our needs
We are united as one with you.

We sing the songs of the spheres
We ground your beings
    into the earth
    and through us
    we connect you to the stars.

You wonder why you feel good
    when you touch us -
    lean into us.
It is because we connect you
    to the stars.

See us – we sacrifice ourselves
    to your blindness
    and never give up hope
    that you will awaken
    and we will be released
    from our suffering.

Our ancestors had more hope.

Some of you see the sunrise
    when you ride us -
    and feel the trees.
But how many of you
    feel the stream of light
    that flows between us
    when we carry you on our back?

Our connections breathe life
    into your lifeless bodies.

See us once again as brothers.
We are here to serve as mirrors
    so that you – Mankind -
    can find your way back to the stars.
To that Source that serves for us all.

Our molecular structure is one.

Know your power, Mankind.
When you see us as one with you
    then you will know your strength.

We love you all.
We are one with you
    as you are one with all beings.
We are a vehicle
    for that knowingness of Oneness.

Hear ye the cry of the Rooster.
Mankind must awaken.
He can no longer sleep.

Register

**TTEAM-Kurse und
Kontaktadressen**

Die TTEAM-Gilde ist ein Zusammen-
schluß von erfahrenen Pferdeleuten in
Europa, die sich in der fortlaufenden
TTEAM-Ausbildung unter Leitung
von Linda Tellington-Jones befinden.
Sie sind berechtigt, TTEAM auszuüben, weiterzugeben und den Namen
von TTEAM zu verwenden.

Weitere Informationen, auch über Kurse und Seminare, bei:

TTEAM-Gilde, c/o Bibi Degn
Hassel 4, D-57589 Pracht
Tel.: 0 26 82 / 88 86
Fax: 0 26 82 / 66 83

Franckh-Kosmos-Verlag
Kosmos Kompetenz
Postfach 10 60 11
D-70049 Stuttgart
Tel.: 07 11 / 2 19 12 70
Fax: 07 11 / 2 19 13 50
(Hier kannst du auch eine Auto-
grammkarte von Linda Tellington-
Jones bestellen.)